期货投资者保护丛书

期 海 护 航

——期货投资者合法权益保护

中国期货业协会　编著

中国金融出版社

责任编辑：王雪珂
责任校对：孙　蕊
责任印制：丁淮宾

图书在版编目（CIP）数据

期海护航——期货投资者合法权益保护（Qihai Huhang：Qihuo
Touzizhe Hefa Quanyi Baohu）/中国期货业协会编著．—北京：中国
金融出版社，2015.1
　　ISBN 978 - 7 - 5049 - 7784 - 7

Ⅰ.①期…　Ⅱ.①中…　Ⅲ.①期货交易—金融法—基本知识—
中国　Ⅳ.①D922.287

中国版本图书馆 CIP 数据核字（2014）第 313498 号

出版
发行　中国金融出版社

社址　北京市丰台区益泽路 2 号
市场开发部　（010）63266347，63805472，63439533（传真）
网 上 书 店　http://www.chinafph.com
　　　　　　　（010）63286832，63365686（传真）
读者服务部　（010）66070833，62568380
邮编　100071
经销　新华书店
印刷　保利达印务有限公司
尺寸　169 毫米×239 毫米
印张　17.25
字数　200 千
版次　2015 年 1 月第 1 版
印次　2015 年 1 月第 1 次印刷
定价　32.00 元
ISBN 978 - 7 - 5049 - 7784 - 7/F.7344
如出现印装错误本社负责调换　联系电话（010）63263947

期货投资者保护丛书编委会

主　任：刘志超

副主任：侯苏庆

委　员：刘志超　侯苏庆　范　辉

　　　　　彭　刚　孙明福　郑小国

执行主编：余晓丽

本书撰写人员：运永恒　李　赫　张君君

　　　　　　　　杜　奔　孙　会　李　楠

　　　　　　　　韩　越

总　序

当前，期货市场进入了创新发展的新时期，期货行业在巩固发展现有各项业务的基础上，积极开展新的业务，探索新的交易制度。在此过程中，高度重视和切实做好投资者保护工作显得尤为重要。这不但涉及维护社会公平正义，关系到广大投资者切身利益，也是推动期货市场创新发展的重要保障。

现阶段，中小投资者仍然是我国期货市场主要的参与群体，处于信息弱势地位，抗风险能力和自我保护能力较弱，合法权益容易受到侵害。与这一情况形成反差的是，期货交易是保证金交易、双向交易，并且实行当日无负债结算制度，具有专业性强和高风险、高收益的特点，在各方面都对投资者提出了很高的要求。投资者在参与期货交易时应当做好自我保护。同时，市场各方应当高度重视并持续、有效做好期货投资者教育和保护工作。中国证监会始终积极贯彻落实党中央、国务院有关投资者保护的各项要求，将维护投资者、特别是中小投资者合法权益作为工作的重中之重，采取了一系列政策措施，取得了积极成效。

2013 年，国务院办公厅发布《关于进一步加强资本市场中小投资者合法权益保护工作的意见》（以下简称《意见》），明确提出：强化中小投资者教育，加大普及证券期货知识力度，提高投资者风险防范意识，完善投资者保护组织体系，加快形成法律保护、监管保护、自律保护、市场保护、自我保护的综合保护体系。中国期货业协会作为全国期货业自律性组织，在中国证监会的指导和统筹部署下，积极贯彻落实《意见》要求，开展投资者保护工作。

编写"期货投资者保护丛书"是贯彻落实《意见》的措施之一。该丛书分为上下两册，上册为期货基础知识，下册从入市、交易、维权等环节向投资者介绍保护与维权知识。该丛书定位明确、内容全面、说理透彻、紧扣实际，契合《意见》的要求。当前，证券期货市场中投资者保护资料和宣传品数量不少，但是类似该丛书向投资者全面、系统介绍期货基础知识、保护与维权知识的书籍不多。在这方面，中国期货业协会积极探索、尝试，在一定程度上填补了空白。

做好投资者保护工作，不但监管部门和行业自律性组织要积极履行自身职责，投资者作为当事人，更要不断增强自我保护能力，在参与期货交易时，具备期货基础知识，充分认识期货交易风险，做好自我评估和入市前的各项准备工作，在交易过程中，按照政策法律规定和合同约定，行使自身权利，履行自身义务，掌握必要的维权知识，切实保护好自身权益。

中国期货业协会会长　刘志超

目 录

入市准备篇

期货经纪业务篇

维权方式篇

维权组织篇

入市准备篇

第一章　期货交易的特点和风险

 一、期货交易的特点

投资者在进行期货交易前，应当了解期货交易的以下特点。

1. 交易标的标准化。期货交易的标的——期货合约是高度标准化的，在合约中，除了合约价格外，其他内容都是标准化的、既定的，投资者不需要就交易的具体条款进行协商。

2. 场内集中竞价交易。期货交易的所有买卖指令都必须在期货交易所内进行集中竞价成交。

3. 保证金交易。在交易过程中，投资者只需要按照合约价值的一定比率缴纳保证金作为履约保证，即可进行数倍于保证金的交易，也就是杠杆交易。

4. 双向交易。投资者可以通过买入期货合约开始交易，也可以通过卖出期货合约开始交易，既允许先买后卖，也允许先卖后买。

5. 对冲了结。投资者只要对前期建仓进行平仓即可结束交易，一般不需要交割。

6. 当日无负债结算。每日交易结束后，计算投资者所有盈亏、交易保证金、手续费、税金等，并据此进行资金划转，保证金不足的，应当及时补足。

需要强调的是，现货交易与期货交易的本质区别是交易目的不同，以及由此导致的功能作用不同。实务操作上则表现为现货交易场所和期货交易场所的实物交割率不同。现货交易以转移商品所有权为目的，交易的履行通过实物交割的方式进行，交易的功能是实现商品的流通；期货交易不以转移商品所有权为目的，绝大部分交易以对冲平仓方式了结，交易的功能是发现价格、转移风险。

相比于期货，股票交易属于现货交易，交易标的实际上是上市公司的股权，在交易过程中，股票交易采用全额的现金交易，不存在资金的杠杆效应，在交易方式上一般只能先买后卖，不需要中途追加资金，账面盈亏不是每日结算划转，还可以长期持有，没有到期交割要求，不实行强行平仓、强制减仓等制度。由于期货交易与股票交易有明显区别，投资者在进行期货交易时，一定要了解期货交易的特点。一些有过股票交易经历的投资者有时容易按照买卖股票的方式进行期货交易。这种交易方式会给投资者带来不必要的风险，对此，需要特别注意。

二、期货交易中的常见风险

期货交易的风险是客观存在的，并且由于以上的交易特点，风险因素被放大，投资者在期货交易中面临着比现货交易、其他金融产品交易更高的风险。期货投资者面临的常见风险有以下几个方面。

1. 价格风险，是指价格波动使投资者的期望利益受损的可能性。价格风险是由于价格变化方向与投资者的预测判断和下单期望相背而产生的。价格风险是投资者的主要风险。

2. 委托风险，是指投资者在选择期货公司，确立委托关系过程中所产生的风险。投资者在选择期货公司时应当对期货公司的规模、资信、经营状况等进行比较，确定最佳选择后与期货公司签订合同，如果选择不当，可能会给投资者将来的业务带来不便和风险。

3. 交易风险，是指投资者在交易过程中产生的风险，包括由于市场流动性差，交易难以迅速、及时、方便地成交所产生的风险，以及当期货价格波动较大，保证金不能在规定时间内补足，投资者可能面临被强行平仓的风险。

4. 交割风险，是指投资者在准备或者进行期货交割时产生的风险。期货合约到期后，所有未平仓合约都必须进行交割，因此，不准备进行交割的投资者应当在期货合约到期之前或交割月到来之前将持有的未平仓合约及时平仓，免于承担交割责任。在商品期货交易中，由于个人投资者不能参与交割，必须按照交易规则及时平仓，否则就会被强行平仓。

5. 投资者自身因素而导致的风险。投资者自身的素质、知识水平、进行期货交易的经验和操作水平等都是影响风险的因素，主要表现在以下几点：（1）价格预测能力欠佳，缺少系统的方法，仅仅凭消息或者主观随意猜测，当价格走势与判断相违背时，自然出现亏损；（2）满仓操作，承受过大的风险，投资者在进行期货交易时，如果只看到获取利润的机会而忽视其中蕴含的风险，习惯满仓操作，一旦遭遇价格稍大的波动，就会导致大部分的资金损失，甚至透支或穿仓；（3）缺乏处理高风险投资的经验，实践中，经常有投资者因为拒绝止损而最终导致重大损失，另外，因为缺乏经验而导致套期保值失败的事件也经常出现。

除上述风险外，投资者在操作过程中还面临着因计算机系统故障或人为操作错误带来的风险，如买卖方向错误、交易软件感染病毒等。

三、防范期货交易风险的措施

为了维护自身投资的权益，保障财务的安全，投资者通常可以采用一些风险防范措施，包括以下几个方面。

1. 充分了解和认识期货交易的基本特点。投资者进入期货市场前必须对期货交易有足够的了解和认识，掌握识别交易中欺诈行为的方法，维护自身权益。

2. 慎重选择期货公司。认真了解期货公司的资信情况、经营业绩、业务资格以及有关的规则和制度。选择安全可靠的期货公司，降低不必要的风险。

3. 制定并执行正确的投资策略，将风险降至可以承受的程度。投资者在开始交易前要认真考虑期货风险，正确评估自身经济实力，分析期货价格变动规律，制定并执行正确的投资策略，降低投资风险。

4. 规范自身行为，提高风险意识和心理承受能力。投资者必须严格遵守法律法规、交易规则等，约束自身行为，严禁违法交易，不断提高业务技能，严格履约。同时，提高风险意识，增强心理承受能力。

对于机构投资者而言，还要建立并有效执行内部风险监控和处置机制。

第二章 投资者的自我评估

 ## 一、投资者自我评估的必要性

期货交易实行以小博大的保证金交易方式，保证金比率越低，杠杆效应越大，具有高风险、高收益的特点。这种交易特点客观上要求投资者具备较高的期货专业知识水平、较强的风险承受能力。投资者对自身是否适宜参与期货交易、如何参与期货交易的认识，对后续交易有着深远的影响。因此，投资者在进入期货市场之前，应当进行自我评估，如果盲目入市，很可能给自己带来难以承受的损失。

 ## 二、投资者开展自我评估的四个方面

投资者进行自我评估时，可以从主体资格、专业知识、抗风险能力、身心条件等方面入手。在评估过程中，应当充分理解"买卖自负"的金融市场原则，审慎决定是否适合参与期货交易，避免盲目入市。

（一）主体资格方面

当前，我国法律法规对投资者参与期货交易设定了主体资格要求，不满足这些要求即不能开户交易。投资者可以查阅《期货交易管理条例》、《期货公司监督管理办法》等规定，确认自己是否属于法律法规等禁止从事期货交易的人员或机构。期货公司提供的《期货经纪合同》一般也会列明被禁止的人员或机构范围。

当前，被禁止从事期货交易的人员或机构主要包括：

1. 中国证监会及其派出机构、中国期货业协会、期货交易所、期货保证金安全存管监控机构的工作人员及其配偶；

2. 期货公司的工作人员及其配偶；

3. 国家机关、事业单位；

4. 证券、期货市场禁止进入者；

5. 未能提供开户证明文件的单位或个人；

6. 中国证监会规定不得从事期货交易的其他单位或个人。

（二）专业知识方面

在进行期货交易之前，投资者应当确认自己是否掌握了必要的期货专业知识，包括期货基础知识、交易规则、法律法规，以及自己是否有一定的交易经历。

1. 期货基础知识

在这方面，投资者需要判断自己对以下知识的了解程度：期货市场概况、市场组织结构和投资者情况、产品情况、交易目的和交易方式、交易分析方法、风险控制等。其中，期货市场概况包括期货交易的特征、期货市场的功能与作用；市场组织结构和投资者情况包括期货交易所、结算机构、期货公司、其他期货中介和服务机构、投资者等；产品情况包括了解产品特点和风险特性；交易目的和交易方式主要是参与期货交易的目的，如套期保值、投机、套利；期货价格分析包括期货行情解读、基本面分析方法、技术分析方法；风险控制包括期货市场风险的类型和识别、"五位一体"的监管体系、市场参与者的风险控制。

另外，由于期货市场由现货市场发展而来，并且为现货市场、实体经济服务，期货市场行情容易受到国内外政治经济等多重因素影响，期货交易在一定意义上可以说是信息交易，投资者对相关知识和资讯进行充分了解也非常必要。

2. 交易规则

期货交易规则是期货市场运行的基础。投资者在进行期货交易前，应当确保对期货合约、交易规则等有基本、必要的了解，否则有可能因违反交易规则，受到期货交易所或监管部门的处理。投资者可以到各期货交易所网站，以及中国证监会、中国期货保证金监控中心网站等查询和了解这些规则内容。

期货交易的基本制度和规则包括：保证金制度、当日无负债结算制度、涨跌停板制度、持仓限额制度、大户报告持仓制度、强行平仓制度、强制减仓制度、套期保值审核制度、交割制度、风险准备金制度、风险警示制度、信息披露制度等。

3. 法律法规

除了期货交易规则，投资者也需要知晓期货市场法律法规。相比于期货基础知识、交易规则，投资者在日常交易中一般并不直接用到法律法规，但是期货市场的法律法规是期货市场运行的基础，也是投资者权益的重要保障，而且期货基础知识、交易规则很多以法律法规为基础。因此，投资者在进行自我评估时，知晓自己对期货市场法律法规的了解程度，对未来交易的顺利进行、权益的充分保障很有帮助。

4. 交易经历

对于投资者来说，交易经历的重要性不言而喻。具备期货交易经历可以更好地掌握交易技巧，更加熟练地应对各种行情变化。这里所说的交易经历指的是投资者的亲身交易经历。书本上的或者通过其他途径获取的别人的交易经验，虽然能够对投资者交易起到一定的指导作用，但是不能等同于亲身交易经历；其他金融、现货的交易经历对期货交易可能会有帮助，但相互之间没有必然关系，不能生搬硬套或者纸上谈兵。

（三）抗风险能力方面

由于期货交易的高风险特点，对抗风险能力的评估是投资者自我评估的核心之一。投资者在进行抗风险能力评估时，可以从自身财务状况、风险控制和承受能力方面进行评估。其中，财务状况包括资产情况和收入情况，特别是金融资产情况，财务状况越好，抗风险能力越高。风险控制和承受能力包括风险识别、处置和承受损失的能力。投资者应当充分考虑期货交易的高风险特点，选择合适数量的资金入市交易，避免将全部或大部分资金用于期货交易，从而影响自身的生产、生活。另外，投资者也不要使用借贷资金进行期货交易，避免进一步放大杠杆或者在损失发生后出现偿债困难，更不要利用配资参与交易。

（四）身心条件方面

投资者在进行期货交易前，除了要进行上述几个方面评估外，也不能遗漏评估自身的身心条件。期货的交易特点和风险特性，在放大盈利的同时也放大了亏损，这对投资者的心理素质提出了更高的要求。投资者在准备进行期货交易前需要树立正确的交易理念，做好"买卖自负"的心理准备，克服各种不良心态，避免因心理素质不过关影响自身交易，加大交易风险。同时，由于国内外期货价格联动性强、部分期货品种推出了夜盘连续交易、投资者需要随时关注市场行情走势等原因，期货交易也对投资者的身体条件提出了一定要求。因此，投资者在进行期货交易前应当评估自己的身心条件。

投资者在进行期货交易时，在自我评估、确定自身投资风险偏好的基础上，还要选择适合自己的交易策略。

三、投资者需要持续开展自我评估

已经进行期货交易的投资者持续开展自我评估也是非常必要的。因为投资者的自我评估是对其某一时期或某一时点是否适合进行期货交易的判断，随着期货市场和投资者自身情况的变化，之前所做的判断可能已经不十分准确，需要投资者定期进行持续性评估，以确认自己是否适合继续从事期货交易。

对已经实际参与交易的投资者来说，其期货专业知识一般会随着交易经历的增加而不断丰富，但抗风险能力、身心条件并不必然相应地提高。例如，在交易期间，投资者亏损增加、财务状况恶化、身体健康水平降低、交易心理压力加大等，都可能导致其不再适宜继续参与期货交易。市场情况的变化也有可能导致投资者不宜继续参与期货交易。当前，期货市场进入创新发展的新时期，期货市场总体情况、市场结构、交易特点、运行状况等持续变化调整，对投资者不断提出新的要求。

综合以上内容，投资者只有持续性地开展自我评估，才能确保自身始终处于适宜参与期货交易的状态，以更好地进行交易。

第三章 辨识合法期货和非法期货

 一、合法的期货交易场所和期货品种

（一）合法的期货交易场所

合法的期货交易场所应当经中国证监会批准，并接受其监督管理，当前主要是期货交易所。按照《期货交易管理条例》和《期货交易所管理办法》规定，期货交易所是为期货交易提供场所、设施、相关服务和交易规则的机构，也是期货市场重要的自律监管机构，本身并不参与期货交易。期货交易所承担着以下职能：（1）提供交易的场所、设施和服务；（2）设计合约，安排合约上市；（3）组织并监督交易、结算和交割；（4）为期货交易提供集中履约担保；（5）按照章程和交易规则对会员进行监督管理；（6）国务院期货监督管理机构规定的其他职责。

目前，我国共有 4 家期货交易所，分别是上海期货交易所[①]、郑州商品交易所、大连商品交易所、中国金融期货交易所。这 4 家

---

① 2013 年 11 月 6 日，经中国证监会批准，由上海期货交易所出资设立的上海国际能源交易中心股份有限公司注册成立，其经营范围包括组织安排原油、天然气、石化产品等能源类衍生品上市交易、结算和交割，制定业务管理规则，实施自律管理，发布市场信息，提供技术、场所和设施服务。

期货交易所不以营利为目的，在组织形式上分为会员制和公司制两种。会员制期货交易所是由全体会员共同出资组建，缴纳一定的会员资格费作为注册资本，以其全部财产承担有限责任的非营利性法人。上海期货交易所、郑州商品交易所、大连商品交易所是会员制交易所。公司制期货交易所通常是由若干股东共同出资组建、股份可以按照有关规定转让的企业法人。中国金融期货交易所是公司制交易所。

（二）合法的期货品种

随着我国期货市场创新步伐加快，我国期货品种体系逐渐丰富，除原油之外，其他重要大宗商品的期货品种均已上市交易，金融期货品种已经包括股指期货、国债期货。截至 2014 年 8 月，我国上市交易期货品种共 45 个。各期货交易所上市交易品种具体为：

上海期货交易所上市交易的品种 12 个，包括铜、铝、锌、天然橡胶、燃料油、黄金、螺纹钢、线材、热轧卷板、铅、白银、石油沥青；

郑州商品交易所上市交易的品种 16 个，包括白糖、棉花、强麦、普麦、精对苯二甲酸、菜籽油、早籼稻、甲醇、玻璃、油菜籽、菜籽粕、动力煤、粳稻、晚籼稻、铁合金（包含硅铁、锰硅）；

大连商品交易所上市交易的品种 15 个，包括黄大豆 1 号、黄大豆 2 号、豆粕、豆油、玉米、聚乙烯、聚丙烯、棕榈油、聚氯乙烯、焦炭、胶合板、纤维板、铁矿石、鸡蛋、焦煤；

中国金融期货交易所上市交易的品种 2 个，包括沪深 300 指数期货、5 年期国债期货。

二、非法期货交易场所及其清理整顿

近年来，一些大宗商品交易市场开展不以实物交割为目的的集中交易，实质上是以现货交易为名变相组织期货交易活动。这些交易活动在市场开办、主体资格、交易规则、信息披露和风险防范等方面缺乏统一规范和要求，脱离期货监管机构的统一监管，存在严重的市场风险和资金安全隐患，直接影响经济金融安全和社会稳定，损害投资者权益，亟须进行清理整顿。

为此，2011年、2012年先后出台了《国务院关于清理整顿各类交易场所切实防范金融风险的决定》、《国务院办公厅关于清理整顿各类交易场所的实施意见》，对从事产权交易、文化艺术品交易和大宗商品中远期交易等各种类型的交易场所进行清理整顿。建立由证监会牵头，有关部门参加的"清理整顿各类交易场所部际联席会议"具体开展工作。截至2013年底，除天津市、云南省外，34个省区市清理整顿工作已经通过联席会议检查验收，清理整顿验收工作基本结束，全国各地共关闭了200余家各类交易场所，清理整顿工作取得明显成效。文化艺术品份额化交易、大宗商品类期货交易等行为得到集中整顿和纠正，一批严重违法违规的交易场所被取缔或关闭，有关责任人员被追究刑事责任，滥设交易场所的势头得到有效遏制。

需要强调的是，只有通过经中国证监会批准设立的期货经营机构、在中国证监会批准的期货交易场所进行的期货交易，才是合法的期货交易。非法期货交易不受国家法律保护。投资者在入市交易前，应当对此有清楚的认识。

三、辨识非法期货活动的四个角度

近年来，随着对非法期货活动打击力度不断加大，不法分子从事非法期货活动的手法不断翻新，非法期货活动的隐蔽性越来越强。投资者在入市交易前，可以从以下几个方面辨识非法期货活动。

一是辨识主体资格。按照规定，开展期货业务，需要经中国证监会核准，取得相应业务资格，否则即为非法机构。投资者可以通过中国证监会网站（www.csrc.gov.cn）、中国期货业协会网站（www.cfachina.org）查询合法期货经营机构及其从业人员信息，或者向当地证监局核实相关机构和人员信息。

二是辨识营销方式。一些不法分子往往以"老师"、"期神"自居，以只要跟着他做，就能赚大钱的说法吸引投资者。投资者需要知晓，合法的期货经营机构不得进行此类虚假宣传。投资者遇到这种情况请勿相信。期货交易具有高风险特点，不可能稳赚不赔。

三是辨识互联网网址。非法期货网站的网址往往采用无特殊意义的字母和数字构成，或采用仿冒方法在合法期货经营机构网址的基础上变换或增加字母和数字。投资者可通过中国证监会网站或中国期货业协会网站查询合法期货经营机构的网址，识别非法期货网站。投资者请勿登录非法期货网站，以免误入陷阱，上当受骗。

四是辨识收款账号。合法期货经营机构只能以公司名义对外开展业务，也只能以公司的名义开立银行账户，而非法机构往往以个人的名义开立收款账户。如果有人要求投资者把钱打入以个人名义开立的账户，投资者即可果断拒绝。

四、积极应对非法期货活动侵害

　　根据国家有关规定，非法期货活动的查处和善后处理由地方人民政府负责。对于投资者来说，受到非法期货活动侵害后，为了尽可能挽回损失，维护自身权益，同时使不法分子及时得到查处，应当尽快向当地公安机关报案，或者向当地工商部门、期货监管部门反映，同时注意做好证据收集和保存工作，如通话录音、手机短信、网上聊天记录、电子邮件、网页、视频资料、照片、合同、汇款单、银行流水、缴款凭证等都可以作为证据使用，投资者可以将其提供给政府有关部门，以便政府部门查处非法证券期货活动，同时也可将其作为向责任人主张权利的证据。

　　在此，特别提醒投资者，不法分子骗取钱财后，往往很快逃之夭夭或将钱财挥霍一空，发生的损失很有可能追不回来。因此，投资者最好保持理性投资心态，珍惜自身钱财，提高警惕，主动远离非法期货活动，谨防上当受骗。

第四章　选择期货公司和期货从业人员

期货交易所不接受普通投资者直接入场交易，投资者必须通过期货公司进行期货交易。投资者进行期货交易前，一方面要做好自我评估；另一方面还要根据自己需要选择期货公司，了解期货从业人员。

 ## 一、选择期货公司的考虑因素

投资者应当通过各种途径了解期货公司的依法经营情况、业务领域、诚信及财务状况、信息技术及人员素质等各方面的信息，审慎选择期货公司。

（一）依法经营情况

按照《期货交易管理条例》第十五条、第十七条规定，设立期货公司，应当经中国证监会批准，并在公司登记机关登记注册，未经批准，任何单位或者个人不得设立或者变相设立期货公司，经营期货业务。期货公司业务实行许可制度，由中国证监会按照业务种类颁发许可证。投资者需要确认期货公司是否经中国证监会批准设立并取得相应业务许可。

（二）开展业务领域

当前，我国有150多家期货公司。投资者可以根据需求选择适合的期货公司。具体来说，有些期货公司擅长于传统的商品期货，有些期货公司专注于金融期货，有些期货公司仅具有期货经纪业务牌照，有些期货公司则拥有期货经纪业务、期货资产管理业务、投资咨询业务、基金代销业务等多项业务牌照；同时，具有相同业务牌照的期货公司，其业务重点、业务水平也有差异。因此，投资者需要进行充分了解，根据自己需要作出选择。

另外，期货公司所在地、营业部数量及分布等也是投资者进行选择时需要考虑的因素。

（三）诚信及财务状况

投资者在选择期货公司时，应当对期货公司的诚信及财务状况进行了解。按照中国证监会《证券期货市场诚信监督管理暂行办法》第八条规定，诚信信息包括表彰评比、行政许可、行政处罚、市场行业组织纪律处分、期货违法犯罪等诸多内容。期货公司财务状况包括净资本、净资产、权益总额、手续费收取、净利润等。信誉和财务状况良好、运作规范的期货公司可以更好地为投资者提供服务，保障投资者的交易及资金安全。

（四）信息技术水平

当前，信息技术已经覆盖了期货交易的各个环节，成为期货行业的重要基石，是期货市场安全稳定运行的核心环节，在保护投资者合法权益、推动市场发展创新过程中起着越来越重要的作用。虽然经过全行业信息技术检查，期货公司信息技术水平已经大幅提高，但由于不同期货公司检查评级结果存在高低差异，加之信息技术存在难以克服的故障风险，实践中，仍然有投资者因为交易软件、期货公司交易系统故障不能顺利进行交易，甚至发生交易损失。因此，投资者在选择期货公司时，有必要了解其信息技术水平。

（五）收费及服务情况

投资者选择期货公司时，还应当充分考虑收费及服务情况。期货公司收取的费用、报酬等，构成了投资者交易成本的主要部分。由于期货交易采用T＋0制度，期货公司收费高，对投资者来说将减少盈利，增加亏损，特别是对交易频繁的投资者尤其如此，在极端情况下，有投资者交易亏损主要是因为支付了过多的交易费用。另外，不同期货公司服务的内容和水平也存在差异。因此，投资者应当选择收费合理，服务良好的期货公司。投资者在决定选择某一期货公司前，可以对不同期货公司进行横向比较。

二、了解期货公司的方式和途径

（一）网上查询

通过网上查询是投资者了解并选择期货公司的重要途径。为了保护投资者合法权益，发挥社会监督功能，提高期货市场透明度，按照中国证监会《期货公司信息公示管理规定》的要求，期货公司现在均已经通过中国证监会指定的期货公司信息公示平台，即中国期货业协会网站（www.cfachina.org），以及本公司网站，将期货公司及其分支机构基本情况、高级管理人员及从业人员信息、公司股东信息、诚信记录等信息，以及中国证监会规定的其他信息，向社会公开。投资者可以登录中国期货业协会网站查询了解。

另外，投资者也可以登录中国证监会网站（www.csrc.gov.cn）查询期货公司名录。

（二）现场及其他了解方式

投资者也可以通过在期货公司经营场所查看营业执照、期货业务许可证等方式，了解其是否正规合法。另外，投资者还可以联系中国证监会及其派出机构，咨询期货公司是否正规合法。

（三）参考期货公司的分类评价结果

近年来，中国证监会及其派出机构组织实施了期货公司的分类评价工作，以期货公司风险管理能力为基础，结合公司市场竞争力、培育和发展机构投资者状况、持续合规状况，按照《期货公司分类监管规定》评价和确定期货公司的类别。期货公司分类评价的结果较好地反映了各期货公司综合情况，是投资者了解、选择期货公司的重要参考依据。

三、了解期货从业人员的合法合规情况

除了要选择期货公司，投资者还要对提供服务的期货公司的工作人员进行一定了解，主要是确认其是否具有从业资格，知晓其执业行为是否符合规定要求。

（一）具备期货从业资格

期货公司工作人员从事期货业务必须取得期货从业资格。按照《期货交易管理条例》、《期货从业人员管理办法》的规定，期货公司不得任用不具备期货从业资格的人员从事期货业务，未取得从业资格的人员也不得在期货公司中开展期货业务，而只能承担辅助工作。

中国期货业协会建立了期货从业人员信息数据库，公示并及时更新从业资格注册、诚信记录等信息。投资者可以通过中国期货业协会网站、期货公司网站、期货公司营业场所信息公示栏，查询提供服务的期货公司工作人员是否具有期货从业资格，不要仅凭名

片、着装等表面现象进行判断，以防上当受骗。

另外，投资者需要注意的是，为期货公司提供中间介绍业务的证券公司中从事期货经营业务的管理人员和专业人员也要具备期货从业资格，但其不属于期货公司的从业人员。同时，期货居间人也不属于期货公司的工作人员。

（二）执业行为规范

当前，中国证监会《期货从业人员管理办法》、中国期货业协会《期货从业人员执业行为准则》等对期货从业人员的执业行为提出了一系列规范性要求。

1. 《期货从业人员管理办法》（以下简称《办法》）的规定

该《办法》有关从业人员执业规范的规定有[①]：

第十三条　期货从业人员必须遵守有关法律、行政法规和中国证监会的规定，遵守协会和期货交易所的自律规则，不得从事或者协同他人从事欺诈、内幕交易、操纵期货交易价格、编造并传播有关期货交易的虚假信息等违法违规行为。

第十四条　期货从业人员应当遵守下列执业行为规范：

（一）诚实守信，恪尽职守，促进机构规范运作，维护期货行业声誉；

（二）以专业的技能，谨慎、勤勉尽责地为客户提供服务，保守客户的商业秘密，维护客户的合法权益；

（三）向客户提供专业服务时，充分揭示期货交易风险，不得作出不当承诺或者保证；

（四）当自身利益或者相关方利益与客户的利益发生冲突或者存在潜在利益冲突时，及时向客户进行披露，并且坚持客户合法利

---

① 本书根据编写需要引用相关规则的部分条、款、项、目，未引用规则的全部内容。下同。

益优先的原则；

（五）具有良好的职业道德与守法意识，抵制商业贿赂，不得从事不正当竞争行为和不正当交易行为；

（六）不得为迎合客户的不合理要求而损害社会公共利益、所在机构或者他人的合法权益；

（七）不得以本人或者他人名义从事期货交易；

（八）协会规定的其他执业行为规范。

第十五条 期货公司的期货从业人员不得有下列行为：

（一）进行虚假宣传，诱骗客户参与期货交易；

（二）挪用客户的期货保证金或者其他资产；

（三）中国证监会禁止的其他行为。

第十八条 为期货公司提供中间介绍业务的机构的期货从业人员不得有下列行为：

（一）收付、存取或者划转期货保证金；

（二）代理客户从事期货交易；

（三）中国证监会禁止的其他行为。

第十九条 机构或者其管理人员对期货从业人员发出违法违规指令的，期货从业人员应当予以抵制，并及时按照所在机构内部程序向高级管理人员或者董事会报告。机构应当及时采取措施妥善处理。

2.《期货从业人员执业行为准则》（以下简称《行为准则》）的规定

该《行为准则》在《办法》的基础上，对期货从业人员的执业行为提出了更加细致的要求，其内容包括：基本准则、合规执业、专业胜任能力、对投资者的责任、竞业准则、其他责任等。具体内容可以登录中国期货业协会网站查询。

此外，期货从业人员还必须遵守法律、行政法规、行政规章和规范性文件，以及行业自律规则的各项有关规定。

除了期货从业资格、执业行为规范，投资者在通过期货公司参与期货交易时，还应当了解具体提供服务的工作人员的职业道德和业务水平。

第五章　期货投资者适当性制度

　　为了避免投资者盲目入市，除了投资者需进行自我评估外，期货公司也要按照中国证监会《期货公司监督管理办法》的要求，本着对投资者负责的原则，执行各项投资者适当性制度，做到"把适当的产品销售给适当的投资者"。

一、期货投资者适当性制度的概念

　　期货投资者适当性制度，是根据期货具体的产品特征和风险特性，区别投资者的产品认知水平和风险承受能力，选择适当的投资者审慎参与期货交易，并建立与之相适应的监管制度安排。

二、建立和实施期货投资者适当性制度的原因

　　期货投资者适当性制度是我国资本市场重要的基础性制度，是对投资者尤其是中小投资者的教育和保护工作的深化。由于期货具有专业性强、杠杆高、风险大的特点，客观上要求参与者具备较高的专业水平、较强的经济实力和风险承受能力，不适合一般投资者广泛参与。建立投资者适当性制度，能够从源头上深化投资者风险

教育，有效避免投资者盲目入市，真正做到保护投资者的合法权益。

实行期货投资者适当性制度，也有利于进一步推动形成良好的资本市场文化，有助于广大投资者尤其是中小投资者形成理性投资理念，逐步培育成熟的投资者队伍，更好地发挥其稳定市场的重要作用。

三、期货投资者适当性制度的内容

（一）总体要求

2014 年 10 月颁布的《期货公司监督管理办法》（以下简称《办法》）对期货行业投资者适当性制度进行了总体性规定。该《办法》第四十七条规定：

第一款："期货公司应当按照规定实行投资者适当性管理制度，建立执业规范和内部问责机制，了解客户的经济实力、专业知识、投资经历和风险偏好等情况，审慎评估客户的风险承受能力，提供与评估结果相适应的产品或者服务。"

第二款："期货公司应当向客户全面客观介绍相关法律法规、业务规则、产品或者服务的特征，充分揭示风险，并按照合同的约定，如实向客户提供与交易相关的资料、信息，不得欺诈或者误导客户。"

第三款："期货公司应充分了解和评估客户风险承受能力，加强对客户的管理。"

目前，期货市场已经建立了金融期货投资者适当性制度、期货公司资产管理业务投资者适当性评估制度。

（二）金融期货投资者适当性制度

该项投资者适当性制度由中国证监会规定、中国金融期货交易所业务规则、中国期货业协会自律规则三个层面规则组成，具体为：中国证监会《关于建立金融期货投资者适当性制度的规定》、中国金融期货交易所《金融期货投资者适当性制度实施办法》和《金融期货投资者适当性制度操作指引》、中国期货业协会《期货公司执行金融期货投资者适当性制度管理规则（修订）》，以及中国期货业协会与中国证券业协会制定的《证券公司为期货公司提供中间介绍业务协议指引》。这些制度主要从资金实力、期货知识、交易经历、综合评估等方面对投资者提出了相关要求。

（三）期货公司资产管理业务投资者适当性评估制度

中国证监会《期货公司资产管理业务试点办法》第十七条提出"期货公司应当对客户适当性进行审慎评估"。为了配合期货公司资产管理业务的顺利推出，中国期货业协会会同中国期货保证金监控中心制定了《期货公司资产管理业务投资者适当性评估程序（试行)》，从投资者身份识别、委托资金合法性要求、自然人投资者综合评估、投资者风险认识水平和风险承受能力调查等方面对期货公司执行投资者适当性制度提出了要求。

另外，中国证监会目前正在整合证券、期货、基金行业的相关规定，建立证券期货市场统一的投资者适当性管理办法，进一步加强对资本市场中小投资者合法权益的保护。

期货公司在开展业务过程中，要按照中国证监会、中国期货业协会、中国金融期货交易所等的规定，进行投资者适当性评估。投资者也应当按照相关规定，配合期货公司开展适当性评估，以更好地维护自身权益。投资者特别需要注意的是，适当性评估结果不构成对投资者的投资建议或推荐意见，投资者应当遵守"买卖自负"原则，承担期货交易的履约责任。

期货经纪业务篇

第六章　投资者与期货公司的权利义务

投资者与期货公司之间的权利义务主要由《期货经纪合同》确定。按照《期货交易管理条例》第二十五条规定，期货公司与投资者应当签订书面合同。在合同中，投资者与期货公司的权利义务包括以下几个方面。

一、投资者的权利和义务

（一）投资者的权利

一是保证金请求权。投资者向期货公司交付保证金后，投资者对自己向期货公司交纳的保证金享有请求权。当合同解除后，投资者有权要求期货公司退回保证金余额，同时投资者保证金不得列为期货公司破产财产，期货公司债权人不能请求对保证金强制执行。

二是有权拒绝或接受期货公司在违约的情况下代为买卖的法律后果。投资者对于期货公司超越受托范围的行为，有权决定是否拒绝或追认其买卖的后果。如果投资者予以追认，则一切后果由投资者承担。

三是自主选择权。投资者与期货公司之间是行纪关系，不是委托代理关系。投资者有权根据自己的判断自主选择期货公司、下达交易指令，有权获取期货交易的盈利，在合同解除时要求期货公司退还保证金，并有权单方解除合同。

四是知情权和监督权。期货交易在很大程度上依赖于信息的获取，期货公司有条件也有义务向投资者提供相关信息，供其参考。投资者有权随时了解交易指令的执行及成交情况。

（二）投资者的义务

一是支付佣金及相关费用的义务。投资者应当对期货公司的服务支付约定的佣金，同时，有义务向期货公司支付期货交易过程中产生的各种费用及税金。

二是及时交纳保证金的义务。保证金是期货公司代为买卖而向投资者收取的履约担保金，如果投资者不履行交纳保证金的义务，期货公司有权对其强行平仓。

三是承担期货公司转移的代为买卖的亏损和债务的义务。只要期货公司在代为买卖时履行了应尽的义务，投资者就有义务承担向其转移的交易结果及其他委托事务的一切法律后果，投资者无正当理由不得拒绝。

四是维护自身交易安全，及时关注交易持仓、保证金和权益变化情况，有效控制自身风险的义务。

二、期货公司的权利和义务

（一）期货公司的权利

一是选择投资者的权利。期货交易具有高风险特点，期货公司在接受投资者委托时，可以对投资者情况进行审查评估，之后决定接受或是拒绝委托。其实，这也是对投资者的保护。

二是报酬请求权。期货公司在为投资者提供服务后，有权要求对方支付佣金。期货公司有权根据期货交易所规定和市场状况，确定收取佣金的标准，并对不同投资者采用不同的佣金标准。另外，投资者账户保证金的利息一般不返还给投资者，将其视为期货公司获得报酬的一部分。

三是管理投资者账户的权利及冲抵权、强行平仓权和合同解除权。期货公司有向投资者收取保证金、调整保证金收取比例的权利，当保证金不足且未及时追加时，期货公司有权对投资者强行平仓、停止接受委托、解除合同等。

四是请求投资者接受期货交易后果的权利。投资者与期货公司之间是合同法上的行纪关系，投资者应当承担期货交易的后果。

（二）期货公司义务

一是公开的义务。期货公司应当如实向投资者告知期货交易的性质及风险，向投资者普及期货知识，必要时对投资者进行培训，向投资者公开自身的资信和业务状况，如实回答投资者咨询。另外，还要向投资者提供市场及行情信息，反馈投资者委托事项进展情况，向投资者提供交易结算报告等账目。

二是遵从投资者指令的义务。

三是遵守期货交易规则的义务。该项义务内容广泛，总的来说，是要求期货公司不得为自己利益而牺牲投资者利益，或未尽善良管理人的注意义务给投资者造成损失。

四是交付与转移义务。期货公司代为买卖所取得的盈利或实物应当转移给投资者。期货公司不得与投资者约定分享盈利。

第七章　期货经纪业务流程及注意事项

当前，期货市场投资者主要参与期货经纪业务。投资者进行期货交易的过程，就是与期货公司订立、履行、终止《期货经纪合同》的过程。《期货经纪合同》涵盖了投资者参与期货交易的方方面面。在实践中，部分投资者在签署《期货经纪合同》前未充分阅读并理解合同，知晓自身的权利和义务，造成了在进行期货交易过程中不能很好地维护自身权益，顺利开展交易。

基于这些原因，下面结合中国期货业协会《〈期货经纪合同〉指引（修订)》的内容，向投资者介绍参与期货交易的基本业务流程，提示投资者需要注意的事项。

 ## 一、合同的订立及注意事项

（一）合同订立前的说明、告知

1. 投资者身份的要求

投资者应当以自己的名义委托期货公司从事期货交易，保证所提供的证件及资料具有真实性、合法性及有效性，声明并保证不具有下列情形：

（1）无民事行为能力或者限制民事行为能力的自然人；

（2）中国证监会及其派出机构、中国期货业协会、期货交易所、期货保证金安全存管监控机构、期货公司的工作人员及其配偶；

（3）国家机关、事业单位；

（4）证券、期货市场禁止进入者；

（5）未能提供开户证明文件的单位或个人；

（6）中国证监会规定不得从事期货交易的其他单位或个人。

如果投资者以上声明部分或全部不真实，将承担由此产生的全部法律责任并自行承担由此造成的一切损失。

2. 风险揭示和客户须知

在签署《期货经纪合同》前，期货公司应当向投资者出示《期货交易风险说明书》和《客户须知》，并充分揭示期货交易的风险。投资者应当在仔细阅读并理解上述文件后，在《期货交易风险说明书》、《客户须知》上签字或加盖单位公章，明确已经阅读并清楚理解期货交易的风险。这是对期货公司的监管要求，也是诚实信用原则的具体体现。期货公司若未向投资者揭示风险并造成投资者损失的，按照《最高人民法院关于审理期货纠纷案件若干问题的规定》应当承担相应的责任。

阅读并理解《期货交易风险说明书》和《客户须知》相关内容，按照合同要求抄写并签字，也是投资者的义务之一。投资者需要从自我保护的角度，按照期货公司要求阅读、抄写、签字。

3. 合同条款的理解

投资者应当在签署《期货经纪合同》前仔细阅读所有合同条款，特别是有关期货公司的免责条款，准确理解各条款的含义。

（二）合同签署

期货交易实行实名制。按照2012年中国证监会《期货市场客户开户管理规定》第八条规定，投资者开户时应当遵守以下实名制要求："个人客户应当本人亲自办理开户手续，签署开户资料，不得委托代理人代为办理开户手续"，"单位客户应当出具单位客户的授权委托书、代理人的身份证和其他开户证件"。

投资者符合中国证监会有关客户开户规定的，期货公司将为其申请交易编码。交易编码是识别投资者的重要标识。投资者获得经分配的交易编码后，下一交易日即可使用。当前，我国期货交易采用"一户一码"制度，交易编码不得借用、不得混码交易。

（三）合同存续期间的持续性要求

在投资者与期货公司合同关系存续期间，投资者提供给期货公司的身份证明文件过期或身份信息发生变更的，在开户申请表中提供的其他信息发生变更时，投资者有义务及时向期货公司提供新的相关材料。否则，期货公司有权拒绝投资者开新仓和出金指令，有权进一步关闭投资者的交易权限，由投资者承担相应的后果。

另外，期货公司根据反洗钱法律法规规定履行投资者身份识别、可疑交易报告及其他反洗钱义务，投资者应当予以配合。

（四）注意事项

在《期货经纪合同》订立过程中，投资者需要注意以下几点内容。

1. 应当知晓《期货经纪合同》的构成。除了《期货经纪合同》正文，《期货交易风险说明书》、《客户须知》、《开户申请表》、《术语定义》、《手续费标准》、《期货交易委托代理人授权书》及投资者和期货公司在期货经纪业务存续过程中所签署的其他文件等，均为合同不可分割的组成部分，与《期货经纪合同》正文具有同等法律效力。投资者在签署过程中应当认真阅读理解，并妥善保存。

2. 理解并遵守《期货经纪合同》的调整范围。投资者和期货公司签订的《期货经纪合同》以及相关附件，其权利义务只涉及投资者和期货公司双方。投资者不得利用在期货公司开立的账户，以期货公司工作人员的身份活动，通过网上交易或其他形式开展期货经纪业务或其他活动。若因投资者的过错而使期货公司遭受损失和不良影响的，投资者应当承担相应的赔偿责任。

3. 应当及时取得签署完整的《期货经纪合同》。实践中，投资者在签署《期货经纪合同》后，一般不能立即取得合同文本，而是要交期货公司进行签署。期货公司在签署时，需要经过一系列内部环节，待签署完毕后，将合同交给投资者。因此，投资者在签署后，不要误认为合同已经签署完成，而是要及时向期货公司取得最终签署完整的合同。取得合同文本后，建议投资者再次审阅合同条款，特别是手工填写部分，确定相关内容与此前协商是否一致。

二、委托及注意事项

（一）委托的含义

这里所说的委托是指投资者委托期货公司按照投资者的交易指令为投资者进行期货交易，期货公司接受投资者的委托，根据期货交易所规则执行投资者交易指令，投资者应当对交易结果承担全部责任。

（二）代理人

在交易过程中，投资者可以委托他人作为自己的代理人（包括法人投资者开户代理人、指令下达人、资金调拨人、结算单确认人）。代理人在投资者的授权范围内所作出的任何行为均代表投资者的行为，投资者应当承担由此产生的全部责任。但是投资者不得委托期货公司工作人员作为代理人。投资者也可以更换代理人，更换时应当书面通知期货公司并经期货公司确认。机构投资者更换代理人时，其法定代表人或者负责人还应当在变更通知上签字并加盖公章。

（三）注意事项

投资者需要注意的是，投资者与代理人之间基于信任关系而建立民事代理关系，代理人的行为即被视为投资者的真实意思表示，所以投资者必须审慎选择代理人，合理授予代理权限，并在合同中注明。在交易过程中，投资者还应当随时了解代理人的各项代理行为，关注交易、持仓和权益变化等情况，避免代理人不适当地损害本人权益。

三、保证金、保证金管理及注意事项

（一）保证金及保证金账户

1. 保证金

期货交易实行保证金制度，保证金是期货投资者按照规定交纳的资金或者提交的价值稳定、流动性强的标准仓单、国债等有价证券，用于结算和保证履约。

2. 保证金账户

期货公司在期货保证金存管银行开设期货保证金账户，代管投资者交存的保证金。投资者可以通过中国期货保证金监控中心的网站（www. cfmmc. com 或 www. cfmmc. cn）查询期货公司的期货保证金账户。

投资者的出入金通过其在期货公司登记的期货结算账户与期货公司在同一期货保证金存管银行开设的期货保证金账户以同行转账的形式办理。同时，投资者的出入金方式应当符合中国证监会及期货保证金存管银行资金结算的有关规定。

期货公司应当对投资者期货账户的有关信息保密，但国家法律法规和中国证监会有特别规定的除外。另外，为了保障投资者保证金的安全，期货公司按照中国证监会的规定或要求，向中国期货保证金监控中心报送投资者与保证金安全存管相关的信息。

（二）保证金的来源、形式和权属

1. 保证金来源的合法性

投资者应当保证其资金来源的合法性。期货公司也有权要求投资者对资金来源的合法性进行说明，必要时可以要求投资者提供相关证明。投资者对其所做的说明及提供的证明文件负有保证义务，并承担相应当的法律责任。

2. 保证金的形式

除现金外，投资者可以根据期货交易所规则以标准仓单、国债等价值稳定、流动性强的有价证券作为保证金，期货公司应当按照期货交易所规则的要求代为办理。

3. 保证金的权属

投资者交存的保证金属于投资者所有，除下列可以划转的情形外，期货公司不得挪用投资者保证金：（1）依照投资者的指示支付可用资金；（2）为投资者交存保证金；（3）为投资者支付交割货款或投资者未履约情况下的违约金；（4）投资者应当支付的手续费、税款及其他费用；（5）有关法律、法规或中国证监会、期货交易所规定的其他情形。

（三）保证金比例及其调整

投资者向期货公司交纳保证金的比例由期货公司确定。期货公司有权根据期货交易所、结算机构的规定、市场情况，或者其认为有必要时自行调整保证金比例。期货公司调整保证金比例时，以其发出的调整保证金公告或者通知为准。

期货公司认为投资者持有的未平仓合约风险较大时，有权对投资者单独提高保证金比例或者拒绝投资者开仓。在此种情形下，提高保证金比例或者拒绝投资者开仓的通知单独对投资者发出。

（四）注意事项

在这里，投资者需要注意的，也是容易引起投资者和期货公司之间争议的是保证金标准调整问题。在合同履行过程中，期货公司有时会面向所有投资者普遍或面向个别投资者单独调整保证金收取标准。实践中，经常有投资者对期货公司提高其保证金标准出现不解或提出异议，甚至由此发生争议，特别是当期货公司提高保证金标准导致投资者保证金不足，需要其追加保证金时，更容易引起投资者不解、异议和争议。

对此，投资者应当知晓调整保证金标准是期货公司为了满足监管要求、控制风险而设定的合同权利。当投资者持有期货头寸时，应当按照期货公司通知的标准交纳保证金。期货公司追加保证金通知往往通过网站、营业场所公告、每日交易结算报告等形式发出。投资者应当及时予以关注，避免因为保证金追加不及时导致被强行平仓。

四、交易指令的类型、下达及注意事项

投资者可以通过互联网、电话、书面或中国证监会规定的其他方式向期货公司下达交易指令，下达的交易指令类型应当符合各期货交易所及期货公司的规定。

（一）网上交易

当前，网上交易是最普遍、最快捷的下单方式。网上交易是指

投资者使用计算机、移动终端等设备并通过互联网，或者通过期货公司局域网络向期货公司下达交易指令，进行期货交易的一种交易方式。

投资者进行网上交易的，应当按照期货公司的要求以自己的交易账号（资金账号）、交易所交易编码、交易密码等下达交易指令。按照合同约定，存储在期货公司交易服务器内的委托记录将作为投资者和期货公司双方核查交易指令合法、有效的证明，期货公司交易服务器内的交易记录与书面指令具有同等法律效力。

由于网上交易系统受各种因素的影响存在中断的可能性，为保证投资者交易的正常进行，期货公司为投资者提供备用下单通道，当投资者不能正常进行网上交易时，可改作电话方式或书面方式下单。

（二）电话下单

投资者通过电话方式下达交易指令的，应当与期货公司约定身份认证方式。通过期货公司身份认证的交易指令视为投资者下达的指令。

以电话方式下达交易指令的，期货公司有权进行同步录音保留原始交易指令记录。期货公司的录音记录作为双方核查交易指令合法、有效的证明，与书面指令具有同等法律效力。

（三）书面下单

投资者以书面方式下达交易指令的，交易指令单的填写应当完整、准确、清晰，并由投资者或者其指令下达人按照合同约定签字、盖章。

（四）妥善保管密码

投资者在下达交易指令的过程中，需要用到交易密码，投资者应当妥善管理自己的密码。为了确保安全，投资者应当在首次启用期货交易相关密码后更改初始密码，并自定义和全权管理本人的密码。通过密码验证的交易指令视为投资者下达的指令，由于投资者管理不善造成密码泄密所带来的损失，期货公司不承担相关责任。

（五）注意事项

在下达交易指令过程中，投资者主要注意以下几个问题。

1. 有效应对交易软件故障。投资者在进行网上交易过程中，有时会遇到交易软件故障，不能正常下单、撤单，导致丧失交易机会，甚至发生损失。当发生这种情况时，应当及时与期货公司联系，查找问题根源，并使用其他方式下达交易指令，尽量避免损失发生。

实践中，也有部分投资者因为不熟悉交易软件，发生误操作，导致无法进行正常交易。为此，投资者在进行网上交易时，一定要预先了解交易软件的功能、特点、固有缺陷等。

2. 做好证据保存工作。当前，一些投资者不能有效地维护自身权益，无法提供证据是重要原因之一。例如，实践中，当投资者认为他人擅自利用其账号和密码进行交易时、交易软件出现故障不能顺利交易时，往往因为证据不足，不能有效地主张自己的权利。为此，投资者在交易过程中，妥善做好相关证据保存工作，对于保护自身权益显得非常重要。

五、交易指令的执行与错单处理

（一）交易指令的执行

投资者下达的交易指令应当包括投资者账号（或交易编码）、品种、合约、数量、买卖方向、价格、开平仓方向等内容。期货公司有权审核投资者的交易指令，包括但不限于保证金是否充足，指令内容是否明确，是否违反有关法律法规和期货交易规则等，以确定指令的有效性。当确定投资者的指令为无效指令时，期货公司有权拒绝执行投资者的指令。

投资者在发出交易指令后，可以在指令全部成交之前向期货公司要求撤回或者修改指令。但如果该指令已经在期货交易所全部或部分成交的，投资者则应当承担交易结果。

由于市场原因或者其他非期货公司所能预见、避免或控制的原因导致投资者交易指令全部或者部分无法成交的，期货公司不承担责任。

（二）错单处理

交易过程中，投资者对交易结果及相关事项向期货公司提出异议的，期货公司应当及时核实。为避免损失的可能发生或者扩大，期货公司在收到投资者的异议后，可以将发生异议的持仓合约进行平仓或者重新执行投资者的交易指令，由此发生的损失由有过错一方承担。

期货公司错误执行投资者交易指令，除投资者认可的以外，交易结果由期货公司承担。

 六、通知、确认及注意事项

（一）通知

通知是期货公司对投资者的一项基本服务，也是期货公司的法定义务，期货公司和投资者之间及时、有效的通知和确认是期货交易顺利进行的基础和保证。

在期货交易中，期货公司对投资者实行当日无负债结算。只要投资者在该交易日有交易、有持仓或者有出入金的，期货公司均应当在当日结算后按照合同约定的方式向投资者发出显示其账户权益状况和成交结果的交易结算报告。这是期货公司的义务。如果投资者当日没有交易、持仓及出入金时，期货公司经投资者同意，可以不对投资者发出交易结算报告。

为了确保期货公司能够履行通知义务，投资者及时了解自己账户的交易情况，实践中，《期货经纪合同》中都会约定利用中国期货保证金监控中心查询系统作为期货公司向投资者发送交易结算报告、追加保证金通知等文件的主要通知方式。期货公司在每日结算以后，及时将投资者账户的交易结算报告、追加保证金通知等文件发送到中国期货保证金监控中心。投资者登录中国期货保证金监控中心查询系统，接收期货公司发出的交易结算报告、追加保证金通知等文件。

在这里，投资者需要注意的事项有四点。

一是由于中国期货保证金监控中心查询系统对投资者日账单只保存 6 个月，月账单只保存 5 个月且在投资者销户以后，查询系统也会相应取消对投资者的查询服务，因此，投资者应当及时将接收到的结算报告或通知书打印或者下载保存。

二是由于中国期货保证金监控中心查询系统与期货公司采用的交易结算系统不同，期货公司需要着重提示投资者应当注意二者在格式、公式、概念上的区别，以免对交易账户的状况产生误解，造成不必要的损失。

三是除采用中国期货保证金监控中心查询系统作为主要通知方式外，双方还会在《期货经纪合同》中约定，期货公司采用辅助通知方式向投资者发送每日交易结算报告、追加保证金通知、单独调整保证金通知、与异常交易监控相关的通知或监管决定等文件。

四是期货公司还会与投资者约定采用网站公告、营业场所公告及其他方式向投资者发出除单独调整保证金之外的调整保证金通知。

当期货公司或者投资者要求变更通知方式的，应当及时书面通知对方，并经对方确认后方可生效。否则，由变更造成的通知延误或者损失均由变更方负责。

（二）　确认及异议处理

1. 确认

投资者有义务随时关注自己的交易结果并妥善处理持仓，如果投资者因某种原因无法收到或者没有收到当日交易结算报告，应当于下一个交易日开市前约定的时间内向期货公司提出，否则，视同投资者收到当日交易结算报告。投资者提出未收到交易结算报告的，期货公司应及时补发。

投资者在交易日开市前约定的时间内未对前日交易结算报告提出异议的，视为投资者对交易结算报告记载事项的确认。

2. 异议及处理

投资者提出异议的，异议应当由投资者本人或其授权的结算单确认人以书面方式（传真或当面提交）向期货公司提出，期货公司应当及时处理所收到的书面异议。

投资者对当日交易结算报告的确认，视为投资者对该日及该日之前所有持仓和交易结算结果、资金存取的确认。但由于期货公司原因导致交易结算报告的记载事项出现与实际交易结果和权益不符的，投资者的确认不改变投资者的实际交易结果和权益。对于不符事项，双方可以根据原始财务凭证及交易凭证另行确认。

投资者按照约定向期货公司提出异议的，期货公司应当根据原始指令记录和交易记录及时核实。当对与交易结果有直接关联的事项发生异议时，为避免损失的可能发生或者扩大，期货公司在收到投资者的异议时,可以将发生异议的持仓合约进行平仓或者重新执行投资者的交易指令。由此发生的损失由有过错一方承担。

经核实,交易结果不符合投资者交易指令,期货公司有过错的,除投资者认可外,期货公司应当在下一交易日闭市前重新执行投资者交易指令,或者根据投资者的意愿采取其他合理的解决办法,并赔偿由此给投资者造成的直接损失。

(三)注意事项

期货交易实行当日无负债结算制度。投资者进行期货交易时,必须及时接收交易结算报告并进行确认,否则,就有可能影响自身权益。实践中,投资者因为未及时接收并认真审阅交易结算报告而导致权益受损的情况屡有发生。在通知和确认环节,投资者需要注意的事项主要有以下几点。

1. 务必及时接收并认真审阅交易结算报告。按照约定,期货公司会通过中国期货保证金监控中心查询系统向投资者发送交易结算报告,同时按照约定采用辅助通知方式,如电子邮件、网上行情系统通知、手机短信、录音电话等,向投资者发送每日交易结算报告、追加保证金通知、单独调整保证金通知及其他相关文件。

实践中,部分投资者未能做到及时通过上述电子邮件、网上行情系统等途径,特别是中国期货保证金监控中心查询系统,接收相关通知文件,或在接收后未能全面、认真审阅通知文件记载事项。例如,投资者往往通过交易软件查询交易盈亏,但容易忽视交纳的手续费,当发现一段时期内交纳的手续费总额过高,或手续费收取标准过高,向期货公司提出异议时,由于可提异议期限已过,交易结算报告记载事项已经不能更改。为此,投资者应当认真审阅交易结算报告,确认期货公司是否严格按照合同约定收取手续费,是否单方调整了收费标准,以防止被多收费、乱收费,避免出现手续费收取纠纷。

2. 应当充分理解确认的含义及效力。在期货交易中,《期货经纪合同》载明,投资者应当在约定的时间内对前日交易结算报告提出异议,否则视为对该报告记载事项的确认,这些记载事项包括交易、盈亏、权益、手续费等重要事项。在这里,确认有三层含义,需要投资者特别注意:一是确认一经做出立即生效,不能反悔,也不能更改,这不同于日常生活中对某一事项确认后可以反悔;二是对交易结算报告未提出异议即视为对报告记载事项的确认,也就是说,投资者对报告记载事项有异议的,应当明确提出,不作任何表示的默示,视为确认;三是投资者对当日交易结算报告的确认,视为对该日及该日之前所有持仓和交易结算结果、资金存取的确认。因此,投资者应当及时、认真审阅交易结算报告记载事项,有异议的,应当按照约定提出。

3. 关注期货公司网站、营业场所等处公告。期货公司在经营过程中,会根据期货交易所规定、市场情况或自身经营需要,调整保证金收取比例、手续费收取标准等。这些重要事项一般会以期货公司网站、营业场所等处公告的方式通知全体投资者。鉴于这些公告的重要作用,投资者应当及时予以关注。但在实践中,不少投资者未及时进行关注,影响了实际交易,甚至与期货公司发生争议。因此,为了使自身交易顺利进行,维护自身权益,投资者需要定期或不定期对期货公司公告进行查询和了解。

4. 投资者应当按照合同的约定变更通知方式。投资者需要变更通知方式的,应当及时书面通知期货公司,经过期货公司确认后,变更方可生效。否则,由于投资者单方变更造成的通知延误后果将由投资者本人承担。

七、风险控制及注意事项

投资者是期货交易收益与风险的直接承受者。由于期货交易具有高风险特点，风险控制成为投资者进行交易的关键内容之一。投资者在持仓过程中，应当随时关注自己的持仓、保证金和权益变化情况，并妥善处理自己的交易持仓，如果参与连续交易，还应当关注并合理控制连续交易时段的交易风险。

（一）依约定的强行平仓

在交易过程中，期货公司以风险率（或者其他风险控制方式）计算投资者期货交易的风险。风险率（或者其他风险控制方式）有不同的计算方法，一般在《期货经纪合同》中有明确约定。

期货公司对投资者在不同期货交易所的未平仓合约统一计算风险。当投资者的风险率达到约定的数值时，期货公司将于当日交易结算报告中向投资者发出追加保证金通知，投资者应当在下一交易日开市前及时追加保证金或者在开市后立即自行平仓。否则，期货公司有权对投资者的部分或全部未平仓合约强行平仓，直至投资者可用资金≥0。

在实践中，为了更好地控制风险，同时也为了保护投资者利益，很多期货公司进行盘中风险控制。双方一般在《期货经纪合同》中约定，在交易过程中，如果投资者保证金不足，期货公司可以要求投资者追加保证金或者在约定时间内自行平仓，否则即有权进行强行平仓。

（二）依法定的强行平仓

在期货交易所限仓的情况下，当投资者持有的未平仓合约数量超过限仓规定时，期货公司有权不经投资者同意即按照期货交易所的限仓规定对其超量部分强行平仓。投资者应承担由此产生的结果。

在期货交易所或结算机构根据有关规定要求期货公司对投资者持有的未平仓合约强行平仓的情况下，期货公司有权不经投资者同意按照期货交易所或结算机构的要求和期货公司相关规则对投资者持有的未平仓合约强行平仓。投资者应当承担由此产生的结果。

（三）强行平仓的结果承担

当期货公司依法或者依约定强行平仓时，投资者应当承担强行平仓的手续费及由此产生的结果。期货公司在采取强行平仓措施后，应当在事后及时将有关情况告知投资者。

只要期货公司选择的平仓价位和平仓数量在当时的市场条件下属于合理的范围，投资者不能以强行平仓的时机未能选择最佳价位和数量为由向期货公司主张权益。但如果期货公司强行平仓不符合法定或者约定条件并且有过错，除投资者认可外，应当在下一交易日闭市前恢复被强行平仓的头寸，或者根据投资者的意愿采取其他合理的解决办法，并赔偿由此给投资者造成的直接损失。

由于市场原因导致期货公司无法采取强行平仓措施产生的损失由投资者承担。

另外，除了上述风险控制措施外，当有下列情形之一的，期货公司可以限制投资者期货账户全部或者部分功能：（1）投资者提供的资料、证件失效或者严重失实的；（2）期货公司认定投资者资金来源不合法，或者投资者违反反洗钱监管规定的；（3）投资者有严重损害期货公司合法权益、影响其正常经营秩序的行为；（4）投资者发生符合期货交易所异常交易认定标准的异常交易行为或者其他违规交易行为的；（5）期货公司应监管部门要求或者投资者违反法律、法规、规章、政策及期货交易所规则规定的其他情形。

（四）注意事项

在风险控制环节，为了保护自身权益，避免由于自身原因导致被强行平仓，投资者应当注意以下几个问题。

1. 按照期货公司通知要求及时追加保证金。当投资者保证金不足时，期货公司会按照《期货经纪合同》的约定，向投资者发出追加保证金的通知。投资者接到通知后，应当及时追加保证金，切勿迟延等待，否则有可能被强行平仓。投资者不希望被期货公司强行平仓的，也可以告知期货公司并按照约定自行平仓。

2. 在途资金不属于有效入金。当投资者按照期货公司通知要求追加保证金后，最好及时请期货公司确认是否收到。投资者已追加保证金，但期货公司尚未收到时，即为资金在途，这种情况不属于有效入金，投资者仍然会因为未及时追加保证金而被强行平仓。

3. 期货公司以自身的保证金收取标准判断投资者保证金是否充足。当投资者保证金低于期货公司标准时，期货公司就会按照约定通知投资者追加保证金。实践中，有投资者误以期货交易所的保证金标准判断自身保证金是否充足，并由此与期货公司产生分歧。对此，投资者应当予以避免。

4. 在交易过程中，避免满仓操作，在账户中留有一定机动资金，并随时关注自身的持仓、保证金和权益变化情况，及时妥善处理自身的持仓，以应对行情波动剧烈造成保证金不足的情况，避免因为追加保证金不及时而被强行平仓。

八、交割、套期保值和套利

当前，自然人投资者不能参与商品期货交割。投资者参与交割的，应当按照期货交易所有关交割月份平仓和交割的相关要求进行平仓、现金交割、实物交割。在交割过程中，应当遵守期货交易所和期货公司的相关业务规则。

投资者参与交割不符合期货交易所或者期货公司相关业务规则规定的，期货公司有权不接受投资者的交割申请或对投资者的未平仓合约强行平仓，由此产生的费用和结果由投资者承担。

具体的交割通知、交割货款的交收、实物交付及交割违约的处理办法，依照相关期货交易所和期货公司的交割业务规则执行。

投资者如果申请套期保值头寸或套利头寸，应当按照期货交易所的相关规定向期货公司提供相应的文件或者证明，并对相应文件的真实性、合法性、有效性负责。期货公司应当协助投资者按照期货交易所规则申请套期保值头寸或套利头寸。套期保值头寸或套利头寸的确定以期货交易所批准的为准。

九、信息、培训、咨询及注意事项

期货市场的高风险性、专业性要求投资者具备一定的期货专业知识。投资者在进行期货交易过程中，期货公司为其提供信息、培训与咨询服务。

期货公司应当在其营业场所或者网站向投资者提供期货市场行情、信息及与交易相关的服务，但提供的任何关于市场的分析和信息仅供投资者参考，不构成对投资者下达指令的指示、诱导或者暗示。投资者应当对自己的交易行为负责，不能以根据期货公司的分析或者信息入市为理由，要求期货公司对其交易亏损承担责任。

期货公司可以以举办讲座、发放资料及其他方式向投资者提供期货交易知识和交易技术的培训服务。投资者有权向期货公司咨询有关期货交易的事项，期货公司应当予以解释。

另外，投资者还应当及时了解期货监管部门及期货交易所的法律、法规和规则，并可以要求期货公司对上述内容进行说明。投资者也有权查询自己的原始交易凭证，有权了解自己的账户情况，期货公司应当给予积极配合。

有关期货公司期货从业人员的信息，投资者可以通过中国期货业协会网站（www.cfachina.org）的期货从业人员执业资格公示数据库进行查询。期货公司应当在其营业场所提供必要的设备，以便投资者登录中国期货业协会网站查询期货从业人员资格公示信息。

投资者需要注意的是，当前网上交易已经成为最普遍的交易方式。投资者在使用期货交易软件前，应当进行全面了解，遇到疑问时，可以向期货公司进行咨询。期货公司也需要向投资者介绍交易软件的功能或者给予必要的培训，以便投资者更好地开展期货交易。

十、费用及注意事项

（一）手续费标准及其确定

投资者参与期货交易，应当向期货公司支付期货交易和交割手续费。手续费的收取标准按照双方合同约定的标准执行。

当遇到新品种上市时，在操作层面，期货公司和投资者之间难以逐一协商一致，为此，《期货经纪合同》一般约定，期货公司应当按照合同约定的方式将新品种手续费收取标准通知投资者，投资者可以在收到通知之日起一定时间内与期货公司协商。如果投资者未提出协商请求，直接参与新品种交易，则视为同意期货公司通知的手续费收取标准。

（二）其他费用

除了前述手续费外，投资者还应当支付期货公司向期货交易所、结算机构代付的各项费用及税款。

（三）注意事项

手续费标准的确定、变更也是需要投资者高度重视的事项。在与期货公司协商确定、变更手续费时，投资者应当注意以下几个问题。

1. 在选择期货公司时，要比较各公司手续费收取标准，但不要一味追求低手续费。手续费是期货公司为投资者提供服务而收取的费用，是期货公司重要的利润来源之一，也是投资者参与期货交易的成本支出。由于期货交易采用 T + 0 交易，投资者交易越频繁，手续费支出越多。如果投资者选择的期货公司手续费收取标准较高，相同交易频率下，投资者将支付更多的手续费。在比较极端的个案中，投资者交易亏损的很大一部分是源于手续费支出。但另一方面，也不建议投资者一味追求并选择低手续费的期货公司，还应当考虑期货公司的综合服务质量。合理收费是期货公司提供良好服务的保障，这些服务包括高素质的人员服务、专业的研发能力、技术设备的配套升级等。因此，投资者在与期货公司签订《期货经纪合同》前，应当综合了解行业手续费总体水平，以及其他期货公司手续费收取标准，选择收费适宜的期货公司签订《期货经纪合同》。

2. 应当了解行业手续费变动情况，视需要向期货公司提出手续费调整的协商要求。当前，期货行业手续费收取水平不断变化，总体呈下降趋势。投资者与期货公司在《期货经纪合同》中确定手续费收取标准后，应当关注行业手续费变动情况，如果发现行业手续费收取水平已经明显低于此前合同约定的手续费标准，投资者可以视需要向期货公司提出手续费调整的协商要求。否则，投资者可能为此支付较高的交易成本。

3. 要经过双方协商一致后确定手续费标准，不要签署空白合同。手续费收取标准是《期货经纪合同》的重要事项之一，应当由投资者和期货公司双方协商，共同确定。但在实践中，由于期货公司在合同签署中环节较多，往往由投资者先行签署，再交期货公司按照其内部流程完成签署。在这个过程中，有时出现投资者签署空白合同的情况，投资者只在合同尾部签字盖章，合同中其他空白处由期货公司统一填具。这种情况实质上等于减少了双方协商确定合同空白事项（含手续费收取标准）的过程，投资者完全同意由期货公司单方确定合同的全部内容。这种做法可能会使投资者支付过高的手续费，现实中也有这方面的案例和纠纷。因此，建议投资者不要签署空白合同。

十一、合同生效与变更

《期货经纪合同》经投资者和期货公司双方签字后（投资者为机构的，须加盖公章），于投资者开户资金汇入期货公司账户之日起生效。

在合同履行过程中，如果相关法律、法规、规章、政策及期货交易所规则发生变化，期货公司有权依照这些变化直接变更合同相关条款，变更或补充条款优先适用。期货公司对合同相关条款的变更或补充，以合同约定的通知方式及在期货公司营业场所、网站公告等方式向投资者发出，变更或补充内容于发出后约定的时间内生效。变更与补充内容生效之前，投资者有权与期货公司进行协商。

除了上述变更情形外，如需变更或者补充合同，需要投资者和期货公司双方协商一致并签订书面变更或者补充协议。变更或者补充协议经期货公司授权的代表签字、加盖期货公司公章，投资者或者其授权代理人签字盖章后生效。变更或补充协议优先适用。

此外，在合同履行过程中的未列明事宜，应当按国家有关法律、法规、规章、政策及相关期货交易所的规则、期货公司相关业务规则以及期货交易惯例处理。

十二、合同终止与账户清算

《期货经纪合同》属于行纪合同，以双方信任为存在的条件。期货公司、投资者均有权随时解除合同，合同的解除对已发生的交易无溯及力。同时，按照《合同法》的规定，一方因解除合同给对方造成损失的，除不可归责于该当事人的事由以外，应当赔偿损失。

一般来说，按照《期货经纪合同》约定，期货公司向投资者提出解除合同的，应当提前以书面形式通知投资者。投资者未在此期间内自行清理账户的，期货公司有权拒绝投资者的新单交易指令及资金调拨指令，投资者应当对其账户清算的费用、清算后的债务余额以及由此造成的损失负全部责任。

投资者可以通过撤销账户的方式终止合同。但在以下情形下，投资者不得撤销账户：（1）投资者账户上持有未平仓合约或存在交割遗留问题尚未解决；（2）投资者与期货公司有未清偿的债权、债务关系；（3）投资者与期货公司有交易纠纷尚未解决。投资者撤销账户终止合同的，应当办理书面销户手续。在实践中，有期货公司为了经营管理的需要，在合同中约定投资者终止合同的，应当办理书面销户手续，对此，投资者需要予以配合。

另外，期货公司因故不能从事期货业务时，应当采取必要措施妥善处理投资者的持仓和保证金。经投资者同意，期货公司应当将投资者持仓和保证金转移至其他期货公司，由此产生的合理费用由期货公司承担。

十三、免责条款及注意事项

《期货经纪合同》都包含了免责条款，这些免责条款通常包括以下几个方面。

1. 地震、火灾、战争等不可抗力因素导致的交易中断、延误等，期货公司不承担责任，但应当在条件允许的范围内采取一切必要的补救措施以减少因不可抗力造成的损失。

2. 国家有关法律、法规、规章、政策或者期货交易所规则的改变、紧急措施的出台等导致投资者所承担的风险，期货公司不承担责任。

3. 通讯系统繁忙、中断，计算机交易系统故障，网络及信息系统故障，电力中断等原因导致指令传达、执行或行情出现延迟、中断或数据错误，期货公司没有过错的，不承担责任。

4. 互联网上黑客攻击、非法登录等风险的发生，或者用于网上交易的计算机或移动终端感染木马、病毒等，从而给投资者造成的损失，期货公司不承担责任。

按照《合同法》第五十三条规定，合同中因故意或者重大过失造成对方财产损失的免责条款无效。投资者在签署《期货经纪合同》前，应当认真阅读并理解免责条款，妥善考虑是否承担以上风险后再签署《期货经纪合同》。

 十四、争议解决及注意事项

当投资者与期货公司因《期货经纪合同》的履行而发生争议时，可以采取协商、调解、仲裁、诉讼等多种途径解决争议。

凡因《期货经纪合同》引起的或与之有关的任何争议，期货公司、投资者双方可以自行协商解决或申请调解，协商或调解不成的，可以提请仲裁或者提起诉讼，也可以直接提请仲裁或者提起诉讼。

在期货公司提供的《期货经纪合同》中，一般预先对仲裁机构、管辖法院进行了约定。

在这里，投资者需要注意以下几点。

1. 投资者与期货公司决定通过调解解决争议的，应当选择适合的调解机构。社会上，调解机构数量众多，由于期货纠纷具有较高的专业性，建议选择期货行业调解机构进行调解。目前，中国期货业协会已经建立起行业纠纷调解机制，接受调解申请。

2. 对仲裁机构和管辖法院的选择直接关系着投资者的仲裁或诉讼的便利性和成本。实践中，有期货公司在《期货经纪合同》中约定，由其住所地或者其他地区仲裁机构、法院管辖双方纠纷。如果投资者的住所地或者经常居住地与约定仲裁机构、法院所在地不一致，这种约定将对投资者参加仲裁、诉讼带来极大不便和较高的成本支出。对此，投资者在签订《期货经纪合同》时应当予以注意，必要时可以与期货公司进行协商修改。

第八章　投资者可能遇到的常见问题及处理

　　投资者在参与期货经纪业务时，经常会遇到这样或那样的问题，本章列举并分析了投资者可能遇到的一些常见问题，供投资者参考。

问题1：投资者可以借用他人名义开户吗？有什么危害？

　　答：当前，无论是从法律规定的角度，还是从资金及交易安全的角度，投资者都不能也不宜借用他人名义开户。

　　在法律规定方面，按照中国证监会《期货市场客户开户管理规定》（以下简称《规定》）第八条规定，投资者开立期货账户应当符合《期货交易管理条例》及中国证监会的有关规定，遵守实名制的要求，具体包括：（1）投资者为个人的，应当本人亲自办理开户手续，签署开户资料，不得委托代理人代为办理开户手续，个人的有效身份证明文件为居民身份证；（2）投资者为单位的，应当出具单位的授权委托书、代理人的身份证和其他开户证件，一般单位的有效身份证明文件为组织机构代码证和营业执照；（3）期货经纪合同、期货结算账户中投资者姓名或者名称与其有效身份证明文件中的姓名或者名称一致；（4）在《期货经纪合同》及其他开户资料中真实、完整、准确地填写客户资料信息。

同时，该《规定》还要求，期货公司、依法接受期货公司委托协助办理开户手续的证券公司（IB）应当对投资者进行实名制审核，期货公司要采集并保存投资者影像资料，不得与不符合实名制要求的投资者签署《期货经纪合同》，也不得为未签订《期货经纪合同》的投资者申请交易编码。

此外，现行法律法规从反洗钱的角度也要求投资者以真实身份开户。这方面的规定有《反洗钱法》第十六条、第十九条，《金融机构反洗钱规定》第九条，《金融机构客户身份识别和客户身份资料及交易记录保存管理办法》第十一条等。期货公司如果发现投资者借用他人名义开户，有可能将其认定为有洗钱嫌疑上报中国人民银行，投资者由此可能会被追究洗钱的法律责任。

其实，借用他人名义开户不但被法律禁止，还可能为名义借用人（投资者）、名义出借人（他人）带来潜在的风险，产生经济纠纷。在名义借用人（投资者）方面，借用他人名义开户交易，当交易盈利时，名义出借人（他人）可能对交易盈利主张权利，导致名义借用人（投资者）不能取得该盈利。同时，如果名义出借人（他人）与第三人存在经济纠纷，其账户资金、持仓可能会被第三人依法申请查封或冻结，也就是说，借用他人名义开户交易，对名义借用人（投资者）的资金和交易盈利都是不安全的。在名义出借人（他人）方面，当出现穿仓时，如果名义借用人（投资者）不承认该账户为其所有，名义出借人（他人）将很可能最终承担穿仓损失。

问题 2：投资者追加的保证金在途，可以视为有效入金吗？

答：这种情况不能被视为有效入金。

有效入金是指投资者将其用于期货交易的资金划入期货公司存放保证金的专用资金账户，并经期货公司确认的过程。当前，期货行业普遍采用银期转账方式划转资金，这种方式具有安全、灵活、实时等优点，一般不存在因追加的保证金在途而不能有效入金的问题。保证金在途问题主要存在于通过非银期转账方式划转资金的过程中。当投资者以转账、电汇等方式向期货公司专用资金账户（期货保证金账户）划转资金时，中间环节操作耗时，期货公司不能实时收到并确认款项，造成因资金在途不能有效入金问题。此外，按照中国证监会《关于规范期货保证金存取业务有关问题的通知》和《期货公司监督管理办法》规定，投资者只能通过已在期货公司登记的银行账户向期货公司专用资金账户（期货保证金账户）划转资金。如果投资者银行账户未在期货公司登记，投资者向期货公司划转资金后也未能在规定时间内进行登记，所划转资金将无法进入期货公司专用资金账户（期货保证金账户），不能成为有效入金。

投资者追加的保证金在途，不能成为有效入金，往往与保证金不足联系在一起。投资者在通过非银期转账方式划转资金后，应当及时确认期货公司是否收到，切不可以为资金划转完毕就万事大吉，不管不顾。保证金在途期间，投资者需要密切关注自己的持仓、保证金和权益变化情况，及时妥善处理自己的交易持仓，尽量避免因保证金不足而被期货公司强行平仓。

另外，建议投资者在交易过程中加强资金管理，防止满仓操作，在账户中留有一定数量的可用资金，以免行情波动剧烈时，因为追加保证金不及时而面临被强行平仓风险。

 ## 问题3：投资者委托他人从事期货交易有什么风险？

答：委托他人从事期货交易就是通常所说的全权委托，也有人称其为代客理财，具体是指投资者委托他人代为决定交易指令的内容。当前，期货市场中相当一部分纠纷是由全权委托引起的。这是因为在全权委托过程中，受托人可能会为了自身利益，如赚取佣金、提成等，出现频繁交易、隐瞒交易结果等行为，损害投资者权益。

实践中，经常遇到投资者不遵守合同约定私下全权委托期货公司工作人员引发的纠纷，以及投资者全权委托居间人引发的纠纷。下面结合常见的全权委托行为，分别说明投资者可能面临的风险。

关于投资者全权委托期货公司工作人员进行期货交易。按照规定这是被禁止的，而且期货公司一般也会在合同中约定，投资者不得全权委托期货公司及其工作人员进行期货交易。但在实践中，期货公司工作人员私下接受投资者全权委托的违规行为在一定程度上存在。少数期货公司工作人员为了获得提成和业绩奖励，增加收入，在开发客户和提供后续服务过程中，主动劝诱或迎合投资者需求，接受投资者全权委托，为其从事期货交易，部分投资者为了获得期货交易的高收益，也会寻求对期货公司工作人员进行全权委托。

关于全权委托居间人进行期货交易。居间人是向投资者或期货公司提供订约机会或者订立《期货经纪合同》中介服务的自然人或法人。期货公司或者投资者按照约定向居间人支付报酬。实践中，居间人一般由期货公司支付报酬，居间人报酬多少与投资者开户后的交易量呈正相关关系。在通常情况下，居间人与投资者之间相互了解、熟悉，部分投资者对居间人盲目信任，甚至依赖，主动或在居间人的劝诱下全权委托居间人从事期货交易。这时，居间人与投资者关系转变为代理关系。当前，法律法规未禁止居间人接受投资者的全权委托。

另外，也有投资者全权委托其他人员进行期货交易。这类行为是法律允许的。如果投资者确需全权委托他人进行期货交易，应当注意以下几点：（1）慎重选择受托人，了解受托人的过往交易的收益情况及其为人和道德品质；（2）与受托人签订书面的委托书，确定受托人的代理权限、时限等事项；（3）注意保护个人隐私，不要将身份证原件、银行卡等证件及关键账户的账号密码交由受托人保管。

投资者在全权委托他人进行期货交易过程中，违规的期货公司工作人员、居间人以及其他受托人都有可能为了牟取自身利益，借机通过频繁交易的"炒单"，增加投资者的交易量，获取佣金提成，同时对投资者盈亏状况不加关心，往往到最后给投资者造成很大亏损，侵害投资者权益；也有人在接受委托后通过对敲方式转移投资者资金；还有人因为水平不高，给投资者带来较大的交易亏损。为此，投资者在全权委托他人进行期货交易时，一定不要委托期货公司工作人员，对于其他受托人员要密切关注其交易过程，及时登录中国期货保证金监控中心网站查询交易结果，了解账户资金、盈亏、持仓和交易情况，切不可不闻不问，防止受托人通过对敲转移资金、恶意炒单、隐瞒交易结果等手段侵害自身权益。

问题4：交易过程中，交易软件、交易系统发生故障应当怎么办？

答：当前，网上交易已经成为最主要的指令下达方式，但由于存在一些难以预见、难以避免、难以克服的技术性因素，网上交易软件、交易系统故障偶有发生。这类故障发生后，为了降低自身交易风险，顺利处理与期货公司可能产生的纠纷，投资者应当及时采取措施保障交易顺利进行，收集并保留证据以便于后续纠纷处理。

在保障交易顺利进行方面，由于期货交易具有高风险特点，期货公司在《期货经纪合同》中与投资者约定了多种指令下达方式，包括互联网下达（网上交易）、通过电话下达、以书面方式下达等。其中，在互联网下达方式中，期货公司还按照中国证监会、中国期货业协会等的要求向投资者提供备用下单通道。因此，当网上交易故障时，投资者应当及时选择期货公司提供的备用下单通道、电话、传真、书面等方式下达指令，确保交易顺利进行。

由于网上交易故障会不可避免地影响投资者交易，极易引发投资者与期货公司之间的纠纷。作为认定事实，分清责任的基础，这时收集并保存证据就显得非常重要。与网上交易故障有关的证据有很多，重要的如交易记录、通话录音、双方沟通信件、软件或者系统的故障提示、系统或故障状态照片等。投资者在收集整理证据时要注意收集直接来源于案件事实的原始证据、能单独直接证明案件主要事实的直接证据，同时力求证据的完整性和关联性。证据的缺失或者证明力不足往往导致投资者的合理诉求得不到满足。投资者可以阅读有关民事诉讼法的条文和书籍，进一步了解民事证据的相关知识。

另外，需要说明的是，网上交易故障可能是软件导致的，也可能是硬件导致的，还有可能是通讯线路或系统导致的，加之期货公司交易软件多由第三方软件公司提供，当网上交易故障发生后，往往难以准确、及时地找出原因，理清争议事实，分清责任。因此，投资者签订《期货经纪合同》时，应当认真听取或向期货公司了解有关网上交易的风险，掌握网上交易故障的处理方法，真正理解和评判期货公司在这方面的免责条款。在开始网上交易前，还应当详细了解软件的功能特点，进行模拟交易练习。在网上交易故障发生后，本着务实的态度，和期货公司进行充分沟通，尽量和解或调解，达成双方都能接受的解决方案。如果达不成和解或调解协议，可以考虑通过仲裁或者诉讼解决争议。

总的来说，事先做好防范工作的重要性远远大于事后举证索赔。投资者应当做好准备工作，尽量避免网上交易故障，做好应急准备，防患于未然。

 ## 问题5：投资者发现密码遗失或者被盗应当怎么办？

答：在期货交易中，投资者经常使用的密码包括在期货公司设置的交易密码、在银行设置的资金密码、在中国期货保证金监控中心设置的查询密码等。通常所说的密码遗失或者被盗，主要是指交易密码。交易密码一旦遗失或者被盗，就有可能被不法分子通过对敲的方式将投资者账户资金转移至其控制的账户中，引起投资者的损失。

投资者发现交易密码遗失或者被盗，应当及时联系期货公司查看账户的情况，办理密码重置。在尚未办理密码重置前，可以向期货公司申请采取将账户交易权限冻结等措施，密码重置后，投资者应当立即自行登录系统修改密码并妥善保管。

在期货交易中，账户和密码是期货公司、银行、中国期货保证金监控中心等识别投资者身份的基础，涉及投资者交易账户的安全性，验证密码后下达的交易指令或者任何操作均视为投资者本人操作，由投资者本人承担责任。密码遗失或者被盗应当及时挂失，这是一个常识。但在实践中，仍然有投资者在密码被盗或不慎遗忘时没有及时挂失，导致本人资金、持仓被划转或者处理，产生不必要损失，或者影响交易顺利进行。因此，投资者应当提高安全意识，谨慎保管自己的账号和密码，避免使用证件号码、生日等简单数字作为期货交易相关密码，同时进行不定期修改，警惕网络木马、病毒等黑客程序，注意将账户委托他人交易的风险，避免由于管理不善被不法分子套取或者盗取，造成自身经济损失。

问题 6：投资者账户在什么情况下会被认定为休眠账户？被认定为休眠账户还可以正常交易吗？

答：按照中国证监会《关于开展期货市场账户规范工作的决定》规定，期货市场休眠账户是指截至认定日（2011 年 8 月 31 日），同时符合开户时间一年以上、最近一年以上无持仓、最近一年以上无交易（含一年）、认定日的客户权益在 1 000 元以下（含 1 000 元）4 个条件的账户。在中国期货保证金监控中心开展常态化休眠账户认定与处理工作后，认定日为每月 15 日，遇公休日或法定节假日向后顺延，2012 年 7 月 16 日为首个常态化休眠账户认定日。

投资者账户被认定为休眠账户并进行休眠处理后，即被限制开新仓的交易权限。对于未纳入统一开户系统的休眠账户，投资者需要通过该账户进行正常交易时，可以向期货公司申请，按照"先规范、后激活"两个步骤进行激活，将其转为非休眠账户。休眠账户激活成功后的下一个交易日即可进行交易。对于纳入统一开户系统的账户，投资者可以直接激活、使用。

按照中国证监会《期货市场账户规范工作实施细则》的相关规定，休眠账户以期货公司内部资金账户为单位进行认定。投资者在多家期货公司开户的，各期货公司各自认定是否属于休眠账户，分别上报休眠申请。各期货交易所仅处理投资者在提出申请期货公司下的交易编码，不对投资者在其他期货公司下的交易编码进行休眠处理。

休眠账户的认定和处理是进一步加强期货市场账户规范和管理的主要工作之一。账户规范工作使期货市场实名制和统一开户等基础制度最终得到全面和彻底的落实，能够有力打击分仓、市场操纵等违法违规行为，加强期货市场监查和分析工作的有效性，为行业诚信建设打好基础，同时节约系统资源、提高市场运行效率，提高期货市场统计数据的使用价值，也是维护"三公"原则，切实保障投资者合法权益的重要举措。投资者应当正确认识，以认真负责的态度，积极配合期货公司做好休眠账户的认定和处理工作。

 问题7：什么是配资交易？投资者参与配资交易有什么风险？

答：期货市场中的"配资"，即配资公司等市场主体为一些有资金需求的期货投资者提供融资服务。通常的操作方法是，配资公司以其控制的个人名义在期货公司开立期货交易账户，并将账户提供给投资者使用，投资者存入自有资金，配资公司以此为基数，向投资者进行配资，配资公司在交易过程中对投资者交易账户实施风险控制，亏损达到一定比例时对其进行平仓或要求其追加保证金，以保证配资公司自身资金不受损失，同时收取高额资金使用费。

对于投资者来说，由于在配资业务中，资金被配资公司控制，其安全性难以得到保障；同时，配资相当于借钱从事期货交易，进一步放大了杠杆比例，加大了投资者财务风险。配资公司主要以收取高额资金使用费为目的，一旦配资业务出现纠纷，投资者的权益难以得到合理保障。另外，配置资金进入期货市场，可能扰乱期货市场秩序，存在风险隐患。

从目前了解的情况看，配资公司经工商管理部门核定登记的范围多为投资咨询、投资管理或管理咨询等，并未取得任何金融业务许可牌照，涉嫌超越经营范围从事资金借贷业务。为了保护投资者合法权益，防范配资业务扰乱期货市场秩序，2011年7月5日，中国证监会办公厅发布《关于防范期货配资业务风险的通知》，要求期货公司严把开户关，不得从事或参与配资业务，及时报告配资账户，加强异常交易行为监控，做好期货投资者教育工作。中国期货业协会也发出《关于加强期货市场投资者教育工作、防范期货配资业务风险的通知》，从行业自律的角度向各期货公司提出相关要求。

问题8：期货公司会在什么情况下调整保证金标准？调整保证金标准需要投资者同意吗？

答：按照《期货经纪合同》约定，期货公司调整保证金标准可以分为普遍调整和单独调整两类，普遍调整是期货公司面向全体投资者统一调整保证金收取标准，单独调整则是面向某一具体的投资者进行调整。一般来说，期货交易所调整保证金标准、期货市场情况发生变化或者期货公司认为必要时，期货公司会普遍调整保证金收取标准，并以公告或通知方式向全体投资者发出；当期货公司认为某一投资者持有的未平仓合约风险较大时，会针对该投资者单独调整保证金标准，并向其单独发出通知。在实际交易中，期货交易所调整保证金标准是期货公司调整保证金标准最常见、最主要的原因。

调整保证金标准直接关系到投资者交易的可用资金、账户风险率、交易结算结果等重要事项。虽然期货公司调整保证金不需要征得投资者同意，但是按照《最高人民法院关于审理期货纠纷案件若干问题的规定》的规定和《期货经纪合同》约定，期货公司应当通知投资者。对于期货公司调整保证金的具体标准，法律法规没有明确规定。期货公司往往在期货交易所保证金标准基础上，根据市场情况、自身风险控制需要、投资者风险状况等，综合确定保证金收取标准。

对此，投资者应当及时了解期货公司保证金标准调整情况，关注自己的持仓、保证金和权益变化情况，妥善处理自己的交易持仓，避免因为保证金标准调整导致保证金不足，以及追加保证金不及时而被强行平仓。

 ## 问题9：为什么期货公司有时会在集合竞价阶段进行强行平仓？

答：实践中，期货公司较少在集合竞价阶段对投资者强行平仓。只有当投资者在当日开市前未能按照期货公司上一交易日结算后的通知要求及时补足保证金，导致保证金严重不足，面临较大风险时，为了控制风险，防止透支或穿仓，期货公司有时会在集合竞价阶段对投资者进行强行平仓。一般情况下，期货公司会在开市后的连续竞价阶段对投资者进行强行平仓。

按照《期货交易管理条例》第三十五条第二款规定，"客户保证金不足时，应当及时追加保证金或者自行平仓"。至于追加保证金或自行平仓的时间，《期货交易管理条例》没有明确规定，而是由期货公司和投资者双方自由协商。实践中，期货公司一般参考中国期货业协会《〈期货经纪合同〉指引》第四十四条内容，与投资者约定风险控制措施。第四十四条内容为"乙方应当在下一交易日开市前及时追加保证金或者在开市后立即自行平仓。否则，甲方有权对乙方的部分或全部未平仓合约强行平仓，直至乙方可用资金≥0"。

问题 10：投资者在下一交易日进行交易或出入金后，还能对以前交易提出异议吗？

答：这种情况下，投资者不能再对以前的交易提出异议。

这是因为按照《最高人民法院关于审理期货纠纷案件若干问题的规定》第二十七条、中国证监会《期货公司监督管理办法》第五十七条，以及期货交易所交易及结算规则的规定，期货公司一般在《期货经纪合同》中与投资者约定，投资者在下一交易日开市前一定时间内未对前日交易结算报告提出异议的，视为投资者对交易结算报告记载事项的确认，投资者对当日交易结算报告的确认，视为其对该日及该日之前所有持仓和交易结算结果、资金存取的确认。

如果投资者在下一交易日进行交易或出入金，就意味着投资者已经进行了确认，不能再对以前的交易提出异议。在法律上，投资者有权提出异议的期间属于除斥期间，该期间一旦经过，投资者就无权再提出异议。投资者应当关心交易结果，在收到结算通知后应当及时审查，发现问题后应当在第一时间向期货公司提出，这既是保护自身权利的需要，也有利于维护正常交易秩序。

在此，提示投资者几点内容：一是在每个交易日结束后及时查询当日交易情况；二是在签署期货公司提供的交易结算报告时，经确认无误后再签字；三是在发现交易结算报告记载事项与自己记忆存在差异，或有其他异常时，应当及时按照合同约定向期货公司提出。

问题 11：期货经纪合同可以随时解除吗？

答：期货经纪合同属于行纪合同，按照《合同法》第四百一十条规定，委托人或者受托人可以随时解除委托合同，因解除合同给对方造成损失的，除不可归责于该当事人的事由以外，应当赔偿损失。

实践中，期货公司与投资者签订的《期货经纪合同》在体现上述规定精神的同时，考虑到期货交易的特殊性，参考中国期货业协会《〈期货经纪合同〉指引》的相关条款，在合同中对该任意解除权做了进一步细化约定。中国期货业协会《〈期货经纪合同〉指引》第六十九条对期货公司解除权进行了细化，表述为"甲方向乙方提出解除合同的，应当提前_____天以书面形式通知乙方。乙方未在此期间内自行清理账户的，甲方有权拒绝乙方的新单交易指令及资金调拨指令，乙方应对其账户清算的费用、清算后的债务余额以及由此造成的损失负全部责任"。第七十条对投资者的解除权进行了细化，表述为"乙方可以通过撤销账户的方式终止本合同。但在下列情况下，乙方不得撤销账户：（一）乙方账户上持有未平仓合约或存在交割遗留问题尚未解决；（二）乙方与甲方有未清偿的债权、债务关系；（三）乙方与甲方有交易纠纷尚未解决的。乙方撤销账户终止本合同的，应当办理书面销户手续"。

作为合同义务，投资者和期货公司双方应当本着诚实信用的原则，共同办理《期货经纪合同》解除过程中各项手续及事宜。从当前情况看，解除合同主要是投资者主动提出，期货公司很少单方解除。

问题 12：自然人投资者为什么不能持仓进入交割月？为什么会在交割月前最后一个交易日被强行平仓？

答：自然人投资者不能参与交割是针对商品期货而言的，对于股指期货、国债期货两个金融期货品种，自然人投资者可以参与交割。在商品期货交易中，自然人投资者不能参与交割是由交割的性质和特点决定的。

当前，上海期货交易所、郑州商品交易所、大连商品交易所的交割细则对此均有明确规定。其中，《上海期货交易所交割细则》（2014 年 5 月 8 日）第四条中规定"某一期货合约最后交易日前第三个交易日收盘后，自然人客户该期货合约的持仓应当为 0 手。自最后交易日前第二个交易日起，对自然人客户的交割月份持仓直接由交易所强行平仓"。《郑州商品交易所期货交割细则》（2014 年 6 月 16 日）第六条中规定"进入交割月前，不得交割的客户应当将交割月份的相应持仓予以平仓。自进入交割月第一个交易日起，自然人客户不得开新仓，交易所有权对自然人客户的交割月份持仓予以强行平仓"。《大连商品交易所交割细则》（2014 年 6 月 26 日）第四条中规定"个人客户持仓和焦炭、焦煤、铁矿石非交割单位整数倍持仓不允许交割。自交割月份第一个交易日起，交易所对个人客户交割月份合约的持仓予以强行平仓"。

自然人之所以不能参与交割，主要是由交割的性质和特点决定的。交割过程涉及增值税发票的交付和接收，自然人不能办理相关增值税发票。因此，期货交易所不允许自然人投资者参与交割。这在《上海期货交易所交割细则》、《郑州商品交易所期货交割细则》中都有体现。

为了执行期货交易所的规则，期货公司在交割月前最后一个交易日对不符合期货交易所规则的自然人持仓进行强行平仓。对于投资者来说，应当知晓期货交易所有关交割的业务规则，提前处理持仓，避免因违反交割规则而被强行平仓，遭受不必要的损失。

问题 13：投资者与期货公司确定手续费收取标准后，期货公司会依据行业手续费整体水平进行调整吗？

答：手续费收取标准是期货公司为投资者提供服务的价格，需要由双方协商，并通过《期货经纪合同》予以确定。除非投资者同意或追认，期货公司不能依据行业手续费整体水平进行单方调整合同已经确定的手续费收取标准，否则即为违约。

需要说明的是，当前，期货行业手续费整体呈下降趋势，期货公司在营销过程中为了吸引投资者，会根据自身需要调整手续费收取标准，调整方式和幅度包括：（1）根据市场和期货交易所的下调幅度，同幅度下调；（2）根据本公司在市场中的费率水平，根据需要做出适当的调整，调整幅度一般不高于期货交易所调整部分；（3）不进行统一调整，而是根据投资者的条件和情况，与投资者进行具体协商之后，对少部分符合条件的投资者调整手续费。对此，投资者应当区分期货公司调整手续费面向的对象是全体投资者，还是新的增量投资者。实践中，期货公司很多采用"新老划断"的做法，即对存量老客户维持原有手续费收取标准，对增量新客户采用新的调整后的手续费收取标准，以实现维持盈利、扩展市场份额的双重目标。

为了维护自身权益，建议投资者在与期货公司签订《期货经纪合同》前，综合比较不同期货公司的手续费水平、服务水平，做到心中有数。在签订合同时，对手续费收取标准这一重要事项，与期货公司进行充分协商，并在合同中具体写明，避免签署空白合同。在合同履行过程中，还应当随时关注行业手续费标准变动情况，当发现行业手续费标准朝有利于自身的方向持续或大幅变动时，可以与期货公司协商，调整手续费收取标准。

 问题14：对于合同签订后新上市品种，期货公司如何确定手续费收取标准？

答：对于新品种手续费确定事宜，期货公司一般采取事先公告、事后由投资者确认的方式来解决。

近年来，期货行业快速发展，新品种不断推出，新品种的手续费收取标准的确定方式，以及收取标准的高低，成为投资者和期货公司共同关心的问题。

从规范的角度来说，新品种手续费收取标准作为期货公司提供服务的价格，应当由投资者和期货公司双方协商，达成一致后，以书面合同的方式予以确定。但在实践中，期货公司面对数量众多的投资者，难以通过逐一协商的方式与已有的投资者约定新上市品种的手续费收取标准。对于这一问题，期货公司一般通过事先公告、事后由投资者确认的方式予以解决，即期货公司在新品种上市交易前通过公司网站、交易系统、中国期货保证金监控中心查询系统公告等方式，向全体投资者告知新品种的手续费收取标准，投资者参与新品种交易且不提出异议的，即视为接受期货公司公告的标准。这一方式高效快捷，同时也符合法律法规有关默示的规定。按照《最高人民法院关于贯彻执行〈民法通则〉若干问题的意见（修改稿）》第六十四条规定"一方当事人向对方当事人提出民事权利的要求，对方未用语言或者文字明确表示意见，但其行为表明已接受的，可以认定为默示"。如果投资者提出异议，则根据双方《期货经纪合同》有关合同变更的条款，由双方进行单独协商，达成一致后对合同相关内容进行修改。

其实，期货公司在设定新品种手续费收取标准时，一般已经考虑了期货交易所手续费收取标准、整个市场的手续费水平，因此，由期货公司事先公告、由投资者事后确认的方式确定新上市品种手续费的做法，已经被大多数投资者接受。

问题 15：为什么有的投资者被期货交易所认定存在异常交易？

答：为了保障期货市场平稳、规范、健康运行，遏制过度交易，打击期货市场中的各类违法违规行为，保护投资者合法权益，2010年以来，各期货交易所在中国证监会的指导下，开展了异常交易的认定及处理工作。当投资者在期货交易中出现自成交、频繁报撤单、大额报撤单、实际控制关系账户合并持仓超限等行为，达到了期货交易所规定的异常交易认定标准时，就会被认定为存在异常交易，受到处理。

各期货交易所根据自身交易规则和业务制度制定了相关的管理办法、监管标准和处理程序。不同期货交易所的规定内容大致相同。以上海期货交易所为例，2010 年，该所制定了《上海期货交易所异常交易监控暂行规定》、《〈上海期货交易所异常交易监控暂行规定〉有关处理标准及处理程序》，明确了异常交易的内容、认定标准、处理程序等，并依此开展对异常交易的处理工作。后来，随着期货市场发展变化情况，上海期货交易所又于 2012 年、2013 年对这些规则进行了部分修改。

按照上海期货交易所规定，当投资者单日在某一合约上的自成交次数超过 5 次（含 5 次），构成"以自己为交易对象，多次进行自买自卖"；单日在某一合约上的撤单次数超过 500 次（含 500次），构成"日内出现频繁申报并撤销申报，可能影响期货交易价格或误导其他客户进行期货交易的行为"；单日在某一合约上的大额撤单（300 手及以上）次数超过 50 次（含 50 次），构成"日内出现多次大额申报并撤销申报，可能影响期货交易价格或误导其他客户进行期货交易的行为"。当投资者出现上述行为时，期货交易所将视情形采取以下措施：（1）责令期货公司对投资者进行教育、引导、劝阻及制止；（2）将投资者列入重点监管名单，向各期货公司通报；（3）对投资者采取限制开仓的监管措施，并向市场公告。

因此，投资者在交易过程中，应当正确认识异常交易，了解期货交易所有关异常交易的规定，避免出现异常交易行为，在维护期货市场正常交易秩序的同时，也加强对自己的保护。

问题16：什么是实际控制关系账户？投资者为什么要进行实际控制关系账户申报？

答：2011年，上海期货交易所、郑州商品交易所、大连商品交易所、中国金融期货交易所分别发布了有关实际控制关系账户的规范性文件。4家期货交易所对实际控制关系账户界定虽有不同，但是相差不多。下面以上海期货交易所为例进行说明。按照该所规定，实际控制是指行为人（包括个人、单位）对他人（包括个人、单位）期货账户具有管理、使用、收益或者处分等权限，从而对他人交易决策拥有决定权的行为或事实。

上海期货交易所根据实质重于形式的原则，具有下列情形之一的，认定行为人对他人期货账户的交易具有实际控制关系：（1）行为人作为他人的控股股东；（2）行为人作为他人的开户授权人、指定下单人、资金调拨人、结算单确认人或者其他形式的委托代理人；（3）行为人作为他人的法定代表人、主要合伙人、董事、监事、高级管理人员等，或者行为人与他人的法定代表人、主要合伙人、董事、监事、高级管理人员等一致的；（4）行为人与他人之间存在配偶关系；（5）行为人与他人之间存在父母、子女、兄弟姐妹等关系，且对他人期货账户的日常交易决策具有决定权或者重大影响；（6）行为人通过投资关系、协议、融资安排或者其他安排，能够对他人期货账户的日常交易决策具有决定权或者重大影响；（7）行为人对两个或者多个他人期货账户的日常交易决策具有决定权或者重大影响；（8）交易所认定的其他情形。目前，各期货交易所执行实际控制关系账户实行报备制度。

要求投资者申报实际控制关系账户的原因是为了加强对期货市场的一线监管，遏制过度投机，打击违法违规行为，保护投资者合法权益，维护期货市场的平稳健康运行。

问题17：投资者反映开户过程中抄写、签字等环节过多，能不能简化？

答：不能简化。这主要是为了向投资者充分揭示风险，提示其审慎入市。

期货交易具有高风险特点，期货交易的亏损会给投资者，特别是中小投资者带来经济和生活上的压力，甚至影响身心健康。但在实践中，部分投资者对这一点认识不足。在签署《期货经纪合同》时设置抄写、签字环节，有助于提示投资者逐字逐句地认真阅读并理解合同的全部内容，更加充分地了解期货交易风险，知晓期货交易的流程和合同双方的权利义务，审慎入市，对投资者起到保护作用。

同时，这一要求有助于期货公司为投资者全面说明期货交易所和期货公司的交易规则，充分揭示期货交易风险。在规范期货从业人员行为方面，也能够在一定程度上避免市场营销人员为谋取个人利益，进行模糊宣传，减少不必要的纠纷。

为了保障抄写、签字要求得到切实执行，中国证监会《期货公司监督管理办法》第五十四条规定，"期货公司在为客户开立期货经纪账户前，应当向客户出示《期货交易风险说明书》，由客户签字确认"。中国期货业协会在《〈期货经纪合同〉指引》中具体设置了客户抄写、签字的格式要求。

问题18：投资者如何看待网络、报刊、电视、即时通讯工具等媒体的期货行情评论？

答：投资者对这些行情评论应当审慎分析、鉴别，了解其合法性、合理性和有效性，结合自身情况进行使用。

信息是期货交易的基础之一。投资者依据信息做出判断并决定交易指令。对信息的了解、分析、运用直接关系到投资者的交易决策。当前，网络、报刊、电视、即时通讯工具等媒体的期货行情评论虽然数量众多、内容各有侧重，但是水平良莠不齐，基础信息来源不透明，背后动机也难以判断。因此，投资者一定要确认发布评论的机构和人员是否合法、规范，同时在分析、比较、鉴别的基础上，进行独立、审慎的判断，切不可盲目相信，完全依赖，从而给自己造成难以挽回的损失。

为了保护投资者合法权益，规范各种咨询行为，国务院发布了《证券、期货投资咨询管理暂行办法》，中国证监会也单独或联合他其他部委发布了一系列规定，包括《关于加强对地方报刊及其他媒体传播证券期货市场信息的监管的通知》、《关于加强证券期货信息传播管理的若干规定》、《关于印发〈关于加强报刊传播证券期货信息管理工作的若干规定〉的通知》，从机构人员、业务规则等方面进行了详细规定。

建议投资者对上述各项规定的内容做必要的了解，以便更好地进行自我保护。

问题 19：当日平仓盈利在结算完成前为什么不能出金？

答：这主要是为了防止投资者在密码泄露后，被人通过对敲的方式转移资金，从而保障投资者资金安全。

为了加强投资者合法权益保护，2013 年 7 月 17 日，中国证监会期货一部、期货二部在联合发出的《关于加强期货公司内部控制保护客户资金安全有关问题的通知》（以下简称《通知》）中指出，"近期，期货市场连续发生多起通过对敲转移投资者资金案件，投资者因防范意识不强、账户密码管理不善等原因导致密码泄露，犯罪分子利用期货市场不活跃合约的对敲交易将投资者资金转移到事先开立的期货账户中，并通过银行转出资金，使投资者蒙受损失"。该《通知》要求从几个方面加强期货公司内部控制，其中之一就是加强投资者出金管理，要求"期货公司应当建立健全客户出金管理制度，加强出金的内部审核和控制；期货公司应当严格执行当日无负债结算制度，投资者当日平仓盈利在结算完成前不得出金；期货交易所通报对敲转移资金等涉嫌违法违规情形的，亏损投资者所在期货公司应当立即与投资者核实交易情况，盈利投资者在期货公司在事件调查结束前应当限制投资者出金"。

在期货市场中，部分投资者防范意识不强、账户密码管理不善，密码泄露时有发生。这给了犯罪分子通过对敲来转移投资者资金的可乘之机。在以往的对敲案件中，虽然期货交易所信息技术系统可以及时侦测并加以补救，但是由于补救的速度往往"跑不赢"对敲者出金的速度。犯罪分子实施对敲，并利用银期转账系统出金的过程经常只有几分钟，当期货公司对犯罪分子账户采取停止出金、关闭出金权限时，往往为时已晚。而有了"投资者当日平仓盈利在结算完成前不得出金"这一措施约束，就为发现和处理对敲行为争取到宝贵的时间。同时，从投资者角度来看，虽然当日盈利在结算前不能出金，但是可以开新仓，资金使用效率并不会受到影响。

可以说，《通知》的这一要求是对投资者、期货公司，乃至全行业利益的保护。

问题20：投资者与居间人发生全权委托纠纷，可以找期货公司索赔吗？

答：投资者与居间人发生纠纷不能向期货公司主张索赔。只有在构成表见代理的情况下，投资者才可以向期货公司主张索赔。

一般情况下，在此类纠纷中，投资者不能向期货公司主张索赔。居间人是接受期货公司或者投资者的委托，为其提供订约机会或者订立《期货经纪合同》的中介服务的自然人或法人。期货居间人并非期货公司的从业人员，与期货公司没有隶属关系。居间人应当独立承担基于居间关系所产生的民事责任。投资者在开户时，期货公司一般会通过单独的告知文件或通过《期货经纪合同》告知投资者居间人与期货公司的法律关系，并且提醒投资者委托居间人进行期货交易的风险。如果投资者以书面或口头方式与居间人订立有关委托理财的协议，则投资者不能就全权委托居间人进行期货交易发生的损失向期货公司主张权利。

但是居间人接受投资者全权委托，对期货公司构成表见代理的，投资者可以向期货公司主张赔偿。表见代理是指善意无过失的相对人通过被代理人的行为足以相信无权代理人有代理权，基于此项信赖，相对人与无权代理人进行交易，由此造成的法律后果由被代理人承担的无权代理。通常，居间人不是期货公司的代理人，期货公司也不会授权居间人以期货公司的名义对外从事活动。但是若期货公司的某些行为足以使投资者有理由相信居间人有代理权，则成立表见代理。期货公司的这些行为可能包括为居间人提供名片、介绍信、盖章空白合同书，为居间人提供办公场地，明知居间人以期货公司的名义进行活动而不做否认表示等等。根据《最高人民法院关于审理期货纠纷案件若干问题的规定》第九条规定，"非期货公司人员以期货公司名义从事期货交易行为，具备合同法第四十九条所规定的表见代理条件的，期货公司应当承担由此产生的民事责任"。也就是说，当居间人与投资者发生全权委托纠纷，并与期货公司形成表见代理关系的，则投资者可以向期货公司要求赔偿。虽然在构成表见代理的情况下，投资者按照规定可以向期货公司主张赔偿，但是在实际要求赔偿的过程中，投资者可能因为事实不清、证据不足，导致无法获得赔偿。

综合以上情况，建议投资者在全权委托居间人进行期货交易时应当慎重考虑。

问题 21：什么是穿仓？投资者发生穿仓为什么要赔偿期货公司？

答：穿仓是指投资者账户上权益为负值的风险状况，即投资者的亏损超过了开仓前账户上的保证金，从而对期货公司负有债务的情况。在期货公司严格实行当日无负债结算制度的情况下，穿仓事件虽不常见，但也偶有发生。在市场行情发生较大变化时，如果投资者保证金账户中资金的绝大部分都被交易保证金所占用，而且交易方向又与市场走势相反时，由于保证金交易的杠杆效应，就可能出现穿仓。

期货市场遵从"买卖自负"的原则，穿仓损失是投资者交易的结果，亏损超过了其向期货公司交纳的期货保证金，期货公司为此向期货交易所替投资者垫付了超出保证金的部分损失，属于期货公司给投资者融资，期货公司因此享有了向投资者追偿的权利，投资者应向期货公司履行赔偿责任。

中国期货业协会《〈期货经纪合同〉指引》向投资者揭示了此类风险，表述为："在某些市场情况下，您可能会难以或无法将持有的未平仓合约平仓。例如，这种情况可能在市场达到涨跌停板时出现。出现这类情况，您的所有保证金有可能无法弥补全部损失，您必须承担由此导致的全部损失"。

在此，提示投资者，为了避免穿仓的发生，需要特别控制好头寸，合理地进行资金管理，同时对期货行情进行及时跟踪。

问题 22：什么是对敲？为什么对敲是违规的？

答：对敲交易是两个账户之间在相同的期货合约上，按照事先约定的时间、价格和方式进行的互为对手的交易。对敲交易是期货市场典型的违规交易行为，通常发生在流动性较差的远期期货合约，通过对敲交易能够影响市场价格、转移资金或者谋取不正当利益。

期货市场上对敲交易不时发生。其中，部分对敲交易是由投资者在不了解期货交易规则的情况下因错误操作或好奇尝试引起的；也有部分对敲交易带有违法犯罪意图，即通过这种方式获取和转移交易关联方账户资金。中国证监会、期货交易所，以及法院处理的对敲案件，往往一方或双方有预谋，目的是转移资金。

基于投资者身份、动机和目的不同，对敲交易引起的法律后果也不完全相同。有的投资者自己在不同期货公司的账户之间以对敲转移资金，涉嫌洗钱；有的投资者在获取他人的交易密码后，将他人账户的资金对敲至自己账户或关联第三方账户，涉嫌盗窃；有的是法人投资者的指定下单人及资金调拨人，利用职务之便将法人资金对敲至关联第三方账户，涉嫌侵占。总之，对敲行为具体的违法犯罪的定性需要综合主客观等不同方面认定。另外，对敲操作者为了达到目的，一般采取在双方账户之间通过高买低卖来达到对敲目的，背离了期货交易低买高卖的一般规律，严重扰乱合理价格，破坏了期货市场正常运行。

不论如何定性，对敲都是法律法规和期货交易所业务规则严格禁止的，都应受到处理，情节较轻的给予警告、强行平仓、暂停开仓交易的处罚；情节较重的可能被市场禁入、罚款和没收违法所得的处罚；构成犯罪的，将被依法追究刑事责任。

问题 23：为什么期货公司设定的保证金收取标准高于期货交易所？以哪个标准判断透支交易？

答：期货公司设定高于期货交易所的保证金收取标准主要是进行风险控制的需要，避免投资者在没有保证金或者保证金不足的情况下，开仓交易或者继续持仓，造成透支交易，从而出现期货公司替投资者向期货交易所垫付保证金的情况。按照《最高人民法院关于审理期货纠纷案件若干问题的规定》第三十一条第三款规定，透支交易以期货交易所规定的保证金比例为判断标准。

在保证金收取比例问题上，《期货交易管理条例》第二十九条规定"期货交易应当严格执行保证金制度。期货交易所向会员、期货公司向客户收取的保证金，不得低于国务院期货监督管理机构、期货交易所规定的标准……"当投资者保证金不足，按照《期货交易管理条例》第三十七条第二款规定"……期货公司先以该客户的保证金承担违约责任；保证金不足的，期货公司应当以风险准备金和自有资金代为承担违约责任，并由此取得对该客户的相应追偿权"。为了遵守法律法规要求，维护正常的交易秩序，也为了避免本身资金被占用，期货公司都在期货交易所保证金标准上设定了本公司的保证金标准。

而对于期货公司保证金收取标准的上限和下限，法律法规、期货交易所交易规则均没有明确规定。实践中，期货公司根据经营管理和风险控制需要自行确定保证金收取标准，并进行适时调整。

问题24：投资者认为成交回报与交易指令不符，应当如何提出异议？

答：按照法律规定和《期货经纪合同》约定，期货公司要按照投资者交易指令为投资者进行期货交易，但在实践中，有时会出现成交回报与交易指令不符的情况。当投资者认为出现不符的情况时，应当核实和确认不符情况是否确实存在，确认无误后，按照约定及时向期货公司提出异议。

成交回报与交易指令不符可以分为两个种情况，一种情况是在交易过程中发现二者不符，另一种情况是在交易结束后发现二者不符。两种情况处理方法不同。

对于在交易过程中发现的情况，结合中国期货业协会《〈期货经纪合同〉指引》第二十八条规定，投资者可以立即向期货公司提出异议，期货公司应当及时核实，为了避免损失的可能发生或者扩大，期货公司在收到投资者的异议后，可以将发生异议的持仓合约进行平仓或者重新执行投资者的交易指令，由此发生的损失由有过错一方承担，对于期货公司错误执行投资者的交易指令，除投资者认可的以外，交易结果由期货公司承担。

对于提出异议的方式，法律法规一般没有规定，如果期货公司与投资者对此有约定，应当遵守约定，如果没有约定，则投资者可以采用任意方式，但是从更加正式、更易于证据保存的角度，最好采用书面形式，如传真、电子邮件、书信等方式。

对于在交易结束后发现的情况，投资者应当依据《期货经纪合同》约定，在下一交易日开市前通过书面形式向期货公司提出，由期货公司按照约定处理。

 问题 25：期货公司要求投资者在没有持仓的情况下在账户中存留一定数量保证金是合法的吗？

答：目前，法律法规对这一问题没有明确规定。期货公司和投资者可以就此问题进行约定。

《期货交易管理条例》、《期货公司监督管理办法》、《〈期货经纪合同〉指引》等均规定，期货公司向投资者收取的保证金属于投资者所有，除规定可以划转的情形外，严禁挪作他用，也不得以任何形式占用。基于这些规定，期货公司无权限制投资者的账户资金。

但在实践中，期货公司有时会要求投资者在账户中存留一定数额的"保底资金"。这主要是考虑到，交易时段内实时计算的可用资金和结算时计算的结果之间可能因为计算精度等问题存在细小差异。如果没有设定"保底资金"，投资者按照交易时段的实时计算结果进行全额出金，在结算后就可能会因为过量出金，造成账户轻微穿仓的后果。

其实，"保底资金"一般数额较小，对投资者影响不大，当投资者特别提出或者办理销户时，可以将这部分资金取出。应该说，期货公司要求投资者在没有持仓的情况下在账户中存留一定数额的保证金，并不构成违法违约。

问题 26：期货公司接受投资者委托过程中有哪些禁止性行为？

答：按照《期货交易管理条例》第二十五条规定，期货公司不得未经投资者委托或者不按照委托内容，擅自进行期货交易，不得向投资者作获利保证，不得在经纪业务中与投资者约定分享利益或者共担风险。

关于擅自进行期货交易。这种不忠实执行投资者交易指令的情况包括两种类型：一种是未经投资者委托就擅自进行期货交易；另一种是不按照投资者交易指令所明确的委托范围进行期货交易，这种行为又具体分为不执行交易指令、不完全执行交易指令和超越投资者交易指令委托范围进行期货交易。当前，在期货市场日益规范的大背景下，期货公司擅自交易行为已经极少，主要是期货公司工作人员未经投资者同意私下擅自进行交易，以获取收入提成。实践中，期货公司工作人员擅自交易存在两种情形。

第一种情形是投资者出于过度信任、方便交易、委托代为下单等原因，主动告知期货公司工作人员交易密码后，工作人员未经其同意擅自进行交易。在此情况下，投资者本人存在密码保管不善等过错，期货公司工作人员涉嫌违规，双方应当按各自过错承担损失。当前，期货公司往往在《期货经纪合同》中提示投资者妥善保管密码，公司及其工作人员不得接受全权委托。因此，当投资者与期货公司工作人员出现此类纠纷后，很难向期货公司主张索赔。同时，因为投资者通常采用密码交易，凡使用密码进行的操作均视为投资者本人的操作，投资者难以取证证明存在擅自交易，为此，投资者要承担由于密码管理不善所带来的损失。为了避免出现上述不利后果，投资者不宜将交易密码交给期货公司工作人员。

第二种情形是投资者没有告知，但期货公司工作人员通过一定手段获取密码后，不经投资者同意，擅自进行交易。在这种情形下，投资者没有过错，可以向工作人员所在的期货公司、中国期货业协会以及监管部门投诉，也可以向有管辖权的法院提起侵权之诉。投诉对象是期货公司工作人员本人，而不是期货公司，因为期货公司工作人员的此类行为不属于职务行为，投资者难以在法律上向期货公司主张权利。同时，这种情形往往与盗码交易等行为交叉重叠，涉嫌违法犯罪，因此，投资者有时也可以向公安机关报案。

关于向投资者作获利保证。期货交易是高风险交易，任何人都不可能保证盈利，有关获利的保证实际上是一种诱骗和欺诈。我国法律对此明确禁止，并要求期货公司必须向投资者说明期货交易的风险，提示其谨慎入市。

关于与投资者约定分享利益或者共担风险。这种做法实际上也是诱骗投资者参与期货交易，该做法不否认期货市场的风险，而是使投资者认为即便有风险还有期货公司帮助承担，以此消除投资者对期货市场高风险的担忧，进而入市交易。对于这种做法，《期货交易管理条例》明确禁止，中国期货业协会《〈期货经纪合同〉指引》也特别告知投资者，"……期货交易中任何获利或者不会发生损失的承诺均为不可能或者是没有根据的，期货公司不得与客户约定分享利益或共担风险"。

期货公司或期货公司工作人员向投资者作获利保证，或与投资者约定分享利益或共担风险，都属于被《期货交易管理条例》禁止的，相应条款是无效的。《最高人民法院关于审理期货纠纷案件若干问题的规定》第十四条规定，"因期货经纪合同无效给客户造成经济损失的，应当根据无效行为与损失之间的因果关系确定责任的承担。一方的损失系对方行为所致，应当由对方赔偿损失；双方有过错的，根据过错大小各自承担相应的民事责任"。

 ## 问题 27：违反规定签订的合同是有效的吗？

答：这个问题要视情况而定。《期货经纪合同》符合《合同法》和《最高人民法院关于审理期货纠纷案件若干问题的规定》有关合同无效的规定时，当然无效。但是如果违反法律法规非禁止性规定、行政规章及以下规则规定或操作性、规程性文件，并不导致合同无效，合同双方当事人可以按照规定履行必要手续，对合同进行补正。

为了提高期货行业法治化、规范化水平，中国证监会、期货交易所制定了一系列行政规章、规范性文件、交易规则等。期货公司和投资者应当遵守这些规定。但根据《最高人民法院关于适用〈中华人民共和国合同法〉若干问题的解释（一）》第四条规定，"合同法实施以后，人民法院确认合同无效，应当以全国人大及其常委会制定的法律和国务院制定的行政法规为依据，不得以地方性法规、行政规章为依据"。违反前述中国证监会行政规章、规范性文件或者期货交易所交易规则而订立的《期货经纪合同》并不必然无效。合同双方应当按照相关规定对合同形式和内容进行补正。不过，这些合同虽然继续有效，但对于相关违规行为，中国证监会、期货交易所会视情况予以处理。因此，期货公司、投资者都应当按照法律法规和各项监管要求开展业务或参与期货交易，不得违反。

问题28：什么是空白合同？为什么不建议投资者签署空白合同？

答：当前，在期货经纪业务中，各期货公司与投资者签署的合同一般是格式合同，绝大多数合同条款由期货公司为了重复使用而预先拟定，只有在手续费收取标准等少数事项上留出空白。当投资者与期货公司签订《期货经纪合同》时，双方只需对这些少数事项进行约定，并签字确认，合同即告成立。存在上述空白事项的格式合同属于空白合同。

在实践中，投资者与期货公司签订《期货经纪合同》时，由于期货公司内部控制的需要，双方往往不能当场共同完成签署。期货公司工作人员有时会在双方未就上述空白事项协商一致的情况下，要求投资者直接先在落款处签字盖章，再由其按照期货公司内部工作流程进行签字盖章，有关空白事项也由期货公司一并填写完整。对于期货公司这一签署空白合同的要求，为了避免潜在风险，维护自身权益，投资者应当拒绝。因为投资者签署了这类空白合同，就意味着同意期货公司在合同空白处填写的相关内容。如果投资者没有拒绝，当拿到期货公司已经签署好的合同后发现，期货公司在合同空白处填写的内容对其不利，比如较高的手续费收取标准，这时因为合同已经成立，再协商修改会经历比较繁琐的程序，耗时费力。况且，在实践中，有不少投资者在入市交易前没有对各期货公司手续费收取标准进行横向比较，对行业手续费收取的总体水平不够了解，不会就此提出异议，当交易一段时间后，发现手续费收取标准约定过高时，因为合同已经生效并履行，投资者往往不能要求期货公司返还已经收取的手续费。

基于以上原因，建议投资者不要签署空白合同，应当与期货公司就空白事项协商一致并填写完整后，再签名盖章。

第九章　期货民事案件中的经验教训

　　民事纠纷是平等主体之间发生的，以民事权利义务为内容的社会纠纷。投资者在参与期货交易的过程中，与期货公司在交易机制认知、风险控制、利益诉求等方面存在不同，双方发生分歧、争议在所难免。这些纠纷发展到一定程度，就可能进行诉讼或申请仲裁。为了提示投资者，吸取已有的经验教训，避免重蹈覆辙，本章介绍了6个真实的期货民事案件。这些案件的判决书选自最高人民法院中国裁判文书网，判决作出时间为2012年至2014年8月。本章对各判决书进行了整理、简化，隐去了当事人的真实姓名、名称，在此基础上，结合各案件内容特点撰写了给投资者的思考与启示，以更好地提示、警示投资者。同时，为了便于投资者完整地了解案件内容，吸取案件中投资者的经验教训，本章在每个案例前注明了相关文书编号，投资者可以据此到中国裁判文书网检索查阅文书的全文。

案例介绍

 案例1：朱某某与兰达期货股份有限公司期货强行平仓纠纷案

　　关键词：追加保证金　　强行平仓　　通知

文书编号：（2013）浙杭商初字第 22 号，（2013）普民一（民）初字第 2416 号

原告朱某某诉称：2010 年 11 月 11 日尾盘时，他卖出 1109 白糖期货合约 50 手未果，怀疑兰达期货股份有限公司（以下简称兰达期货）故意设卡不让成交，11 月 13 日，其向兰达期货提出 11 日、12 日结算账单中占用保证金、追加保证金、可用资金等算错，要求下一交易日开市时暂不强行平仓，待其筹集资金进行追加保证金，兰达期货对此异议和要求未予处理，并将其持有的 50 手 1109 白糖期货合约强行平仓，造成重大损失。朱某某认为，兰达期货此前在没有通知提高保证金比例、追加保证金、强行平仓的情况下擅自强行平仓，又于 11 月 15 日在对其异议和要求未处理即强行平仓，还以欺诈手段制作假单进行欺骗，严重违约侵权，对此，兰达期货应该负全责进行赔偿。请求判令兰达期货归还本金 541 051.31 元、赔偿交易损失 4 530 000 元，并承担诉讼费用。

被告兰达期货辩称：1. 朱某某请求归还本金无法律依据，朱某某有期货交易经历，清楚"买者自负"原则，朱某某所称"在 11 月 11 日曾下单未成交"没有事实依据，该日朱某某无任何交易报单记录；2. 兰达期货在 11 月 11 日、12 日给出每日结算账单没有错误，按照兰达期货保证金收取比例，朱某某 11 日结算后需要追加资金 42 598.69 元，兰达期货随账单发送了追加保证金通知，12 日，朱某某追加保证金 6 000 元，未能足额追加保证金，兰达期货强行平仓但未能成交，当日，期货交易所提高保证金比例，朱某某保证金缺口为 332 403.69 元，风险度达到 231.04%，兰达期货通知朱某某追加保证金；3. 兰达期货 11 月 15 日强行平仓符合交易规则和《期货经纪合同》，对于朱某某账户的亏损结果无任何责任；4. 朱某

某所提赔偿交易损失 4 530 000 元属无稽之谈；5. 诉讼费用应由朱某某承担。

法院经审理查明：11 月 11 日，兰达期货向朱某某发出追加保证金通知书；12 日在公司网站公布了调整保证金通知；同日，兰达期货发出强行平仓通知，告知朱某某于下一交易日（15 日）8：55前补足保证金，同时以手机短信进行了通知。11 月 15 日上午，朱某某电话告知兰达期货保证金和可用资金计算不对，兰达期货表示无计算不当。后兰达期货分次挂单强行平仓，并全部成交。

法院判决及理由：1. 朱某某诉称其在 2010 年 11 月 11 日曾下单未成交，怀疑是兰达期货故意设卡不让交易的事实不成立，该日朱某某无交易报单记录；2. 朱某某诉称兰达期货在没有通知其提高保证金比例、追加保证金的情况下强行平仓，事实不存在，双方合同约定了以中国期货保证金监控中心查询系统作为主要通知方式，朱某某有义务关注自己的交易结果、账户资金情况，且兰达期货提交了有关通知的证据，朱某某 15 日致电兰达期货表明其知晓应当追加保证金，只是资金不足；3. 朱某某诉称兰达期货保证金计算错误也不属实。兰达期货执行强行平仓的措施符合交易规则及双方之间《期货经纪合同》约定，对于朱某某账户的亏损结果，兰达期货并无过错及责任，朱某某要求兰达期货返还本金并赔偿损失之请求，缺乏依据，不予支持，判决驳回朱某某诉讼请求，并承担案件受理费。

另外，相关民事判决书显示，朱某某为了进行期货交易，曾进行民间借贷，后无力偿还，被法院判令其偿还贷款人本息。因该借贷发生在朱某某婚姻关系存续期间，其配偶在诉讼中作为被告，也被判令进行偿还。

案例2：沈某某与上海朗高期货经纪有限公司期货强行平仓纠纷案

关键词： 穿仓 透支交易 强行平仓

文书编号：（2013）沪高民五（商）终字第29号

说明： 本案例依据的判决为二审判决书

一审法院经审理查明：2009年7月29日，被告沈某某与原告上海朗高期货经纪有限公司（以下简称朗高期货）签订《期货经纪合同》。沈某某2013年4月11日权益为170 419.03元，风险率为109.72%，12日权益为173 119.03元，风险率为108.18%，15日权益为70 819.03元，风险率为316.34%，16日权益为－73 480.97元，风险率为999 999.99%，17日权益为－73 582.88元，风险率为0%。4月15日、16日，朗高期货对沈某某期货账户的期货合约Ag1306强行平仓，因该合约于该日开盘即跌停，未能成交。17日，朗高期货对沈某某强行平仓成功。

一审法院判决及理由：根据《最高人民法院关于审理期货纠纷案件若干问题的规定》，应当以期货交易所规定的保证金比例为标准审查客户是否透支交易，沈某某于4月15日开始出现持仓透支。当沈某某的交易保证金不足时，朗高期货已经根据合同约定的方式履行了追加保证金的通知义务。出现持仓透支后，沈某某对合约Ag1306的走势判断失误，出于投机性考虑，仍未采取追加保证金等措施避免损失扩大并最终造成了穿仓损失，对穿仓的发生具有过错。强行平仓是期货公司为维护自身资金安全所依法享有的一项权利。出现持仓透支时，朗高期货采取了强行平仓措施，但因合约Ag1306 连续两日开盘即跌停未能成交，由此产生的损失应当由沈某某承担。沈某某认为因朗高期货未及时强行平仓导致穿仓，损失应由朗高期货自负的意见，缺乏事实和法律依据，不予采信。原告朗高期货对穿仓没有过错，原告有权向被告沈某某追偿。判令沈某某赔偿朗高期货损失 73 582.88 元，并支付相应利息，以及承担案件受理费。

原审被告沈某某提出上诉称：4 月 11 日、12 日，其期货账户风险率已达 100%，朗高期货应当强行平仓，其穿仓原因系朗高期货对交易风险失控的不作为所致，穿仓前其风险率已经超过 100%，朗高期货未强行平仓，由此导致的损失应由朗高期货承担，请求法院改判，驳回朗高期货诉讼请求。

原审原告朗高期货辩称：4 月 16 日强行平仓符合合同约定，强行平仓损失应由上诉人沈某某承担。

二审法院经审理后认为，本案原审认定事实清楚，适用法律正确，判决并无不当，判决驳回上诉，维持原判。

案例 3：王某某与秦润期货有限公司、郑某某期货交易纠纷案

关键词： 擅自交易　连带责任　表见代理　代客理财　居间

文书编号：（2013）粤高法民二终字第 63 号

说明： 本案例依据的判决为二审判决书

原告郑某某诉称：2010 年 1 月 18 日，其与秦润期货有限公司

（以下简称秦润期货）签订《期货经纪合同》。秦润期货后将其交易密码透露给业务员王某某，致使王某某在其不知情的情况下擅自交易，造成损失50 307元。事后，秦润期货推卸责任，王某某虽于4月8日书面承诺赔偿，但未付款。其认为两被告构成侵权，王某某是秦润期货员工，二者应当承担连带赔偿责任，请求判令两被告赔偿损失50 307元，利息6 000元，并承担诉讼费。

被告秦润期货辩称：1. 王某某不是其员工，双方不存在劳动合同关系，王某某为其居间人，双方签订有《期货居间合同》，其与王某某签署的《和解协议》、郑某某签署的《客户声明》对此均可证明，王某某向郑某某出具书面承诺属于个人行为，与秦润期货无关，相关责任应由王某某承担；2. 关于王某某代客操盘行为，深圳市期货行业协会已经进行了处理并公告；3. 郑某某针对秦润期货的诉讼请求不具有事实和法律依据。事实上，郑某某收到账户的用户名和初始密码后，由于其本人泄密或未及时更改造成的损失应当自行承担。

被告王某某辩称：郑某某所诉财产损失与其无关，请求法院驳回。理由是：1. 其与郑某某之间无权利义务关系；2. 其是秦润期货一员，受指派履行义务，导致郑某某财产受到损害的是公司行为而非其个人行为；3. 其出具的书面承诺无效，因为损失不是由其造成的，其受公司指派开展业务，相关赔偿应由公司承担。

法院经审理查明：1. 郑某某签署的《客户声明》显示，郑某某经王某某介绍到秦润期货开户，知晓王某某为居间人而非秦润期货正式职员，也知晓期货从业人员不得代客操盘；2. 2010年2月1日至3日，郑某某账户进行了频繁期货交易，亏损42 200元，并产生手续费4 053.65元，两项共计46 253.65元；3. 4月7日，王某某向郑某某出具《承诺书》内容为："因本人未经郑某某同意自行动用其资金操作其期货账户,造成亏损约人民币伍万元,对此损失,本人愿意承担赔偿责任!"4. 王某某与秦润期货的劳动仲裁庭外和解协议表明,双方为居间业务关系,不存在劳动关系,王某某不是秦润期货员工;5. 庭审中,郑某某称其开户后未修改过交易密码,同时出入金均由王某某操作。

法院判决及理由:1. 在本案中,王某某的身份为秦润期货的居间人,郑某某收到交易密码后未及时更改,导致被他人使用,秦润期货已进行风险提示,且无证据证明秦润期货泄露其交易密码,对此,秦润期货对郑某某损失无过错,郑某某向秦润期货权利主张无事实和法律依据;2. 王某某作为居间人,擅自使用郑某某账户进行期货交易,造成损失,应当承担赔偿责任,且王某某出具了书面承诺。判令王某某给付郑某某人民币 46 253.65 元及利息,驳回郑某某其他诉讼请求,本案受理费由王某某负担。

王某某上诉称:请求撤销其给付郑某某赔偿及利息,诉讼费用由郑某某承担。主要理由是:1. 没有郑某某授权,其无法登入和使用郑某某期货账户;2. 其出具的书面承诺,是受到秦润期货勒令的情况下作出的,目的是安抚客户,减少影响;3. 秦润期货不与员工签订劳动合同,只签居间合同,变相用工,非法展业,居间合同是不得已签署的。

秦润期货答辩称:原审认定事实清楚,适用法律正确,应予维持。

郑某某答辩称:1. 王某某自行交代了有其账户密码,对于擅自交易损失,王某某书面赔偿承诺是真实意思表示;2. 其提起的是侵权之诉,秦润期货应当承担连带赔偿责任。

二审法院审理后认为,原审判决认定事实清楚,适用法律正确,处理并无不当。王某某的上诉理由不能成立,不予支持。判决驳回上诉,维持原判,二审案件受理费由王某某负担。

案例4：丰白期货有限公司与王某某其他期货交易纠纷案

关键词：擅自交易　全权委托　职务行为

文书编号：（2013）沪高民五（商）终字第 13 号

说明：本案例依据的判决为二审判决书

一审法院经审理查明：2012 年 4 月 12 日，原告王某某与被告丰白期货有限公司（以下简称丰白期货）订立《期货经纪合同》，其中《客户须知》明确"客户应知晓期货公司及其工作人员不得接受客户的全权委托，客户也不得要求期货公司或其工作人员以全权委托的方式进行期货交易"。7 月，王某某亏损 2 733 910 元，8 月再次亏损 1 014 150 元。8 月 31 日，丰白期货按照期货交易所有关交割月份自然人客户限仓为 0 的要求，将王某某 4 手 1209 合约强行平仓。

2012 年 10 月 18 日，中国证监会致函王某某，确认王某某委托丰白期货员工伊某代为从事期货交易，但未发现伊某擅自交易。

一审法院判决及理由：1. 双方合同有效。按照中国证监会确认丰白期货员工伊某代王某某从事期货交易的事实，并结合《期货经营机构从业人员管理暂行办法》、《期货经纪合同》有关期货公司工作人员不得接受客户全权委托的规定及约定，认定丰白期货员工伊某曾接受王某某期货交易全权委托，鉴于交易产生的利益归丰白期货所有，伊某行为应被视为职务行为，丰白期货构成违约，需就此承担民事责任。

2. 对于赔偿责任范围，王某某自认 2012 年 7 月 13 日后系其自行交易，故丰白期货上述违规违约行为持续期间为开户后至 2012 年 7 月 13 日。按照《最高人民法院关于审理期货纠纷案件若干问题的规定》第十七条规定，丰白期货应当对王某某这段期间内的交易损失承担主要赔偿责任。同时，因无法认定丰白期货存在擅自交易行为，且王某某未妥善保管密码，未及时审核交易结算报告，也应当承担部分责任。鉴于双方均应承担相应责任，酌定丰白期货就损失的 60% 向王某某承担赔偿责任。对于王某某要求丰白期货赔偿强行平仓损失并返还相应手续费的要求，法院认为，丰白期货强行平仓符合约定，相关平仓损失、手续费应当由王某某自行承担。

最终，一审法院判令丰白期货赔偿王某某人民币 1 640 346 元及其利息损失，驳回王某某其他诉讼请求。

丰白期货上诉称：丰白期货没有接受王某某期货交易全权委托，2012 年 7 月 13 日前的交易系王某某自主交易。员工伊某没有擅自交易，也没有接受全权委托，只是按照王某某指令代客下单。且伊某岗位职责不包括代客下单，也未获公司授权，公司不知情，其行为属个人行为，不是职务行为，不应由丰白期货承担责任。另外，一审中，王某某主张的是擅自交易，法院以全权委托进行审理，且处理不当，请求改判或发回重审。

王某某辩称：丰白期货员工伊某行为未经委托，是擅自交易。其将交易密码交给伊某是出于对丰白期货的信赖，且在电话委托下单中需要将密码告诉伊某，对此，其本人没有过错。伊某行为是在工作场所，利用公司设备进行的，丰白期货从中获利，构成职务行为，应当由丰白期货承担。请求驳回上诉，维持原判。

二审法院经审理查明：原审认定事实属实。同时查明，2011 年 7 月，伊某被聘任为丰白期货员工，岗位为 IB 业务。2013 年，中国期货业协会文件认定，伊某涉嫌擅自交易或者代客理财的违规事实不成立。

二审法院判决及理由：

1. 本案中，王某某账户的初始密码已被修改，根据双方约定，该修改行为应视作王某某的行为或者其授权的行为，由此产生的责任应由王某某自己承担，与丰白期货无关。王某某将密码交给伊某，违反双方约定，也属于对密码管理不善，应当承担相应的法律后果。据此，不能认定伊某擅自交易。

2. 王某某将交易密码交给伊某，至少表明其授权伊某在其账户内进行交易。在合同存续期间，王某某未按照约定对发生争议的交易提出异议。而且，在争议交易发生的期间内，王某某账户有数次巨额出金，作为账户持有人不可能不知道，但王某某也未提出异议。同时，王某某无证据证明其主张事实。因此，可以认定王某某对其期货账户内的交易情况是明知并且认可的，王某某主张伊某擅自交易不成立。

3. 一审法院关于全权委托及职务行为的认定，超出了王某某的诉讼请求，存在不妥。

最终，二审法院撤销一审判决，并予以改判，对王某某一审诉讼请求不予支持，并判令王某某承担案件受理费。

案例5：中昌期货有限公司、中昌期货有限公司上海营业部与叶某委托理财合同纠纷案

关键词： 代客理财　全权委托　职务行为　合同无效

文书编号：（2013）沪高民五（商）终字第22号

说明： 本案例依据的判决为二审判决书

一审法院经审理查明：1. 2011 年 2 月 17 日，叶某与中昌期货有限公司（以下简称中昌期货）上海营业部签订委托理财协议。该协议书首部载明中昌期货上海营业部系"依法享有期货经纪经营资格的独立的中国企业法人"。协议书中约定，叶某将资金存入中昌期货上海营业部指定的银行账户，并由后者管理银行资金卡和密码，委托资金 100 万元，中昌期货上海营业部负责保值增值，期限 12 个月，期间如亏损，由中昌期货上海营业部承担所有责任并在合作期结束前补足约定委托理财资金总额；中昌期货上海营业部需每个月支付给叶某委托理财资金总额 3% 的月固定利息 3 万元；合作期结束后一个工作日，中昌期货上海营业部负责一次性支付叶某委托理财资金总额 100 万元至叶某指定的银行卡内。叶某在委托人处签字，其中受托人处签有"吴某甲"字样（注：吴某甲时任中昌期货上海营业部负责人），盖有"中昌期货有限公司上海营业部"式样的印章。

2. 自 2011 年 3 月 16 日起，叶某收到吴某甲转来的款项共计 33 万元。

3. 此前，因类似纠纷，刘某甲、张某甲两名当事人分别起诉中昌期货、中昌期货上海营业部。在该案中，中昌期货及其上海营业部举证称，吴某甲为未经批准私用中昌期货上海营业部印章，从未提出过该印章系假章。在该案庭审过程中，中昌期货及其上海营业部陈述称：委托理财协议是吴某甲采取非法手法骗取或盗用营业部印章和刘某甲、张某甲签订的。该案最终认定吴某甲签字及其所使用的中昌期货上海营业部印章均系真实，目前该案已经生效。

4. 与本案类似委托理财协议引起的以中昌期货以及中昌期货上

海营业部为被告的案件，共有十六件起诉至法院。

一审法院判决及理由：（1）在以中昌期货及其上海营业部为被告的类似判决中，二被告认可委托理财协议吴某甲签字、营业部盖章的真实性，这一点可与法院审理的十余起案件相互印证。同时，吴某甲系中昌期货上海营业部负责人，这一信息标注在营业部营业执照中，对外有公示效力。

（2）吴某甲作为中昌期货上海营业部负责人，在委托理财协议上签字，并加盖该营业部公章，其行为属于职务行为。同时，委托理财协议首部内容进一步强调了中昌期货上海营业部的资质，使叶某有足够理由相信签订系争委托理财协议是吴某甲的职务行为。叶某作为委托人和外部第三人，很难相信仅仅是吴某甲个人行为而不是中昌期货上海营业部的单位行为。因此，委托理财协议约束的主体应为中昌期货上海营业部及叶某。

（3）金融机构从事客户资产管理业务，需经相关监管部门授权。中昌期货上海营业部超越"商品期货经纪"的经营范围，签订委托理财协议，根据最高人民法院《关于适用〈中华人民共和国合同法〉若干问题的解释（一）》第十条规定，所签协议应属无效。同时，委托理财协议未对理财具体内容进行规定，却约定无论盈亏均保证叶某在固定期间获得固定本息回报的保底条款，则违反了市场基本规律及公平原则，委托理财协议也应属无效。

（4）在本案中，双方均存在过错。其中，中昌期货上海营业部在委托理财协议签订及履行中，超越资质许可和经营范围，内部控制及风险管理存在重大缺陷，提供委托理财协议的格式文本，由此应当承担主要过错责任。叶某为了追求高额利息，与不具备资质的中昌期货上海营业部签订委托理财协议，并约定保底条款，忽视审查合同合规性，未尽合理的谨慎注意义务，对合同无效也负有一定过错责任。

一审法院判决叶某与中昌期货上海营业部签订的委托理财协议无效，中昌期货上海营业部返还叶某 67 万元，其余 33 万元以此前收取的款项抵扣，同时支付利息，中昌期货上海营业部的财产不足以清偿的，由中昌期货承担。案件受理费由中昌期货及其上海营业部共同承担。

中昌期货、中昌期货上海营业部上诉称：1. 二上诉人不是委托理财协议的合同主体，吴某甲的行为不是职务行为，对此，叶某应当知晓；2. 二上诉人未因合同履行实际收取诉争钱款，合同无效时也无返还的义务；3. 一审判决认定叶某存在过错，却判令二上诉人全额返还本金并支付利息，显失公平。请求二审法院依法改判。

叶某辩称：一审判决认定事实清楚，法律适用正确，请求二审法院维持原判。

二审法院经审理查明：一审法院查明的事实属实，予以确认。

二审法院判决及理由：1. 吴某甲时任中昌期货上海营业部负责人，在委托理财协议上加盖该营业部公章，应当认定营业部为合同当事人。

2. 二上诉人未取得委托理财资质，且合同约定有保底条款，故委托理财协议无效。叶某将资金按约汇入约定的指定账号，是为履行约定义务，故该委托理财协议无效后的民事责任应当由二上诉人对外承担。

3. 因系争合同无效，一审法院判令二上诉人支付的所谓本金和利息均非基于有效合同产生的约定义务，而是合同无效后所应承担的民事责任。一审法院有关按银行贷款利率计算的利息进行赔偿损失的判决，已充分考虑了双方的过错程度，既避免了二上诉人藉由无效合同获得无偿占有叶某资金所生的利益，也适当填补了叶某因资金出借而丧失的投资机会损失，故其法律适用，并无不当。

最终，二审法院驳回上诉，维持原判，并判令中昌期货及其上海营业部共同承担案件受理费。

 ## 案例6：邱某某与普成期货股份有限公司期货经纪合同纠纷案

关键词： 免责条款　附随义务　系统故障　机会损失

文书编号：（2013）沪高民五（商）终字第1号

说明： 本案例依据的判决为二审判决书

一审法院经审理查明：1. 2008年12月1日，原告邱某某与被告普成期货股份有限公司（以下简称普成期货）签订《期货经纪合同》。合同中约定，普成期货为邱某某提供备用下单通道，当不能正常网上交易时，可改作电话或书面下单，同时，免责条款约定，由于网上交易系统故障导致不能正常交易时，普成期货没有过错的，不承担责任。同时，普成期货通过《期货交易风险说明书》、《客户须知》、《闪电手下单系统风险揭示书》等向邱某某揭示了网上期货交易风险，邱某某签字确认。

2. 邱某某于2010年1月7日10：02三次通过闪电手系统下单，设定自动止损功能，并通过恒盛系统进行手动操作，10时至10时15分，恒盛系统出现速率慢，登录和成交缓慢，邱某某设定的止损线无法发挥作用，因其在恒盛系统无权限自动止损，其是根据市场行情进行止损，但由于交易缓慢，无法完成。

3. 3月11日恒盛公司向普成期货书面说明，1月7日10时至

10 时 15 分普成期货网上交易系统出现登录缓慢和无法正常交易的异常情况，网关处理发生拥堵，原因是当时行情波动较大，交易量激增，恒盛公司同步网关软件处理能力存在瓶颈，前期未就此向普成期货做出提醒、建议。普成期货收到该书面说明后，将该情况函告邱某某，说明自身无过错。

4. 8 月 3 日，上海证监局《信访答复函》建议邱某某选择合同约定方式解决纠纷。

5. 2012 年 6 月 27 日，澎格公司在向普成期货出具的《交易系统部署说明》称，闪电手下单系统系该公司推出，闪电手客户端连接闪电手网关，恒盛客户端连接恒盛交易网关，闪电手网关与恒盛交易网关部署独立，交易互不影响。闪电手下单系统在 2010 年 1 月 7 日一切正常。

6. 关于诉讼请求中损失的构成，邱某某称，其于 2010 年 1 月 6 日开仓买入 500 手 P1009，成交单价 7 352.80 元。2010 年 1 月 7 日 10 时 15 分之后，邱某某为避免损失扩大，进行了该 500 手平仓交易，最后平仓交易完成是在 10 时 41 分，自 10 时 15 分至 10 时 41 分之间的平仓损失，都是损失。邱某某同时表示，其主张的 122 万元损失中，可能包含 10 时 15 分之前的平仓交易损失。

一审法院判决及理由：1. 交易系统故障发生的原因是恒盛公司同步网关软件处理能力存在瓶颈，同时前期未就此方面的风险给予普成期货提醒、建议，普成期货不具备排除技术问题以及避免风险的客观条件，普成期货不具有过错，不构成违约行为；在签订《期货经纪合同》时，普成期货进行了网上期货交易的风险揭示，邱某某确认并应当对风险有所预估；2. 合同免责条款有效，普成期货可以据此免责；3. 普成期货提供了恒盛交易系统、闪电手下单系统以及备用下单通道，在恒盛系统发生延迟时，邱某某可以选择其他下单途径，邱某某当天使用过闪电手系统交易；4. 邱某某因交易系统故障而发生损失的时间是 2010 年 1 月 7 日，其于 2012 年 5 月 15 日提起诉讼，已超过诉讼时效，向证监局投诉不构成诉讼时效的中断。据此判令：驳回邱某某的全部诉讼请求。

邱某某上诉称：1. 其向证监局信访导致时效中断；2. 普成期货负有维护交易系统正常运行的附随义务，由于其未能升级软件导致交易系统故障，应当承担违约责任；3. 一审判决法律适用错误，应予改判。

普成期货答辩称：1. 其提供了多种下单方式，邱某某可以选择其他方式，邱某某损失是由于其对行情误判所致，应自行承担；2. 普成期货未保证交易系统传输速率，且提供多种备用下单通道，切换不同交易通道发生的时间损耗只能由邱某某承担，恒盛系统拥堵时间仅为 15 分钟左右；3. 邱某某对网上交易故障风险有预判，且双方约定了责任归属。据此请求法院驳回上诉，维持原判。

二审法院经审理另查明：2010 年 1 月 7 日 10 时，邱某某持仓为 400 手 P1009 和 130 手 Y1009；同日 10 时 15 分，邱某某持仓 53 手 P1009。在上述期间，邱某某下达了 6 次卖出合约指令，其中成交三笔，即卖出 200 手 P1009，成交价为 7 220 元；卖出 147 手 P1009，成交价为 7 244 元；卖出 130 手 Y1009，成交价为 7 774 元。当日 10 时 P1009 每手价格为 7 398 元，Y1009 为 8 216 元；10 时 15 分，P1009 价格为 7 163 元，Y1009 为 7 940 元。上述期间最低价格出现在 10 时 08 分，P1009 价格为 7 050 元，Y1009 为 7 774 元；最高价格均为 10 时。

二审法院判决及理由：1. 虽然恒盛交易系统并非普成期货设计和维护，但却系普成期货提供给邱某某用于传达交易指令的工具。

普成期货作为期货公司，负有较高的注意义务，在将交易系统交邱某某使用前，应当充分测试并确保无瑕疵，导致恒盛交易系统此次故障的原因可以通过测试发现并避免。即使普成期货未向邱某某就该系统的运行安全作出明确保证，仍负有保证该系统不因故障损害邱某某权益的附随义务。普成期货未经充分测试即投入实际使用的行为违反了其注意义务，构成违约，按照《合同法》第一百二十一条规定，应当承担赔偿责任。对于网上交易系统或软件故障，只有当期货公司对技术故障无过错时，才有适用免责条款的可能。本案中，普成期货不能依据《期货经纪合同》、《期货交易风险说明书》的免责条款免责。

2. 本案中，邱某某确实存在卖出合约的意愿和行为，但交易系统故障直接导致邱某某在故障时间段使用该系统进行交易的机会丧失，并引发了最终交易亏损，普成期货理应对其违约行为导致的机会损失进行赔偿。关于赔偿数额，应当综合考虑机会损失发生的概率、采取减损措施等因素综合加以确定，酌情认定损失金额为 34 万元。

3. 根据《最高人民法院关于审理民事案件适用诉讼时效制度若干问题的规定》第十四条规定，邱某某 2010 年 6 月 2 日向证监局提出了包含赔偿诉求的信访，可以导致诉讼时效中断，邱某某 2012 年 5 月 15 日提起诉讼，未超过 2 年的诉讼时效期间。

最终，二审法院认定，普成期货违反其应尽的注意义务，向客户提供了存在瑕疵的交易软件，存在过错，应当对邱某某的损失承担相应的赔偿责任。一审判决事实认定清楚，但法律适用错误，应予改判，撤销一审判决，判令普成期货赔偿邱某某人民币 34 万元，驳回邱某某其余部分的诉讼请求，一审、二审案件受理费由当事人共同承担。

思考与启示

以上 6 个民事案例中，投资者有胜有负。投资者胜诉的，主要是因为诉求合理，合法有据；投资者败诉的，主要是由于诉讼主张超出合理范围，不符合合同约定或法律规定，缺少证据支持。通过分析这 6 个案例中的经验教训，在参与期货交易、处理与期货公司纠纷时，可以得出以下几点启示。

启示 1：充分了解期货交易的特点，按照约定履行合同义务，合理控制交易风险

经过多年发展，期货经纪业务已经比较成熟，业务流程、业务环节也已经完善，各期货公司的《期货经纪合同》对此有相对全面的约定。投资者在充分了解期货交易机制和交易特点的基础上，按照合同约定进行交易，将有助于控制风险，维护自身权益，预防和减少与期货公司纠纷。

案例 1 中，朱某某在交易过程中未能合理控制交易风险，当保证金不足时，未按照期货公司通知追加保证金，导致最终被强行平仓。在与期货公司沟通以及后续诉讼过程中，其所提异议、所主张事实、证据及赔偿额，均与实际情况不符，甚至严重偏离。最终，法院判其败诉。本案中，朱某某与期货公司发生纠纷，并在诉讼中败诉，其根由是，朱某某在交易过程中，对期货交易风险认识不足，风险控制不够，当行情走势不利于其持仓时，又缺少足额资金进行追保。同时，通过另一个民事判决可知，朱某某进行期货交易的部

分资金来自民间借贷，这一做法相当于进一步放大交易杠杆，将自身暴露在更大的风险中，当保证金不足时，难以有效补足。

作为前车之鉴，案例 1 提示投资者在进行期货交易前，一定要充分认识期货交易风险，在交易过程中做好风险控制，当保证金不足时，选择及时追加或自行平仓，同时要以空闲资金进行期货交易，避免投入借贷资金。

启示 2：正确认识期货交易中的强行平仓

在期货交易过程中，有投资者因为对强行平仓认识存在偏差，与期货公司产生了纠纷。实践中，当保证金不足时，有的投资者为了避免平仓损失，希望期货公司保留其持仓，如案例 1 中朱某某，有的投资者在损失发生后，认为期货公司应当强行平仓，对于未能及时强行平仓造成的损失应当由期货公司承担，如案例 2 中沈某某。两个案例中，朱某某与沈某某对期货公司强行平仓的主张完全不同，法院判决也未支持二人的诉讼请求，这可能使投资者产生困惑：朱某某、沈某某对强行平仓的主张不同，至少应当有一个人胜诉，为什么二人都败诉了？要理解这两个案件的判决结果，投资者需要准确认识强行平仓。

强行平仓是一种风险控制措施。按照《期货经纪合同》约定，当投资者保证金不足，又未在期货公司通知的时间内追加保证金或自行平仓的，期货公司有权对投资者的部分或全部未平仓合约强行平仓，直至投资者可用资金≥0，由于市场原因导致期货公司无法采取强行平仓措施产生的损失由投资者承担。该约定背后的原理是，当投资者保证金不足，又未及时追加保证金或自行平仓时，期货公司不进行强行平仓，就会出现透支，甚至穿仓，此时，期货公司应当以风险准备金和自有资金代为承担投资者的违约责任，并由此取得对投资者的追偿权，为了避免出现这种情况，期货公司会在必要时对投资者强行平仓，体现在《期货经纪合同》中，就是期货公司在约定的条件下有权进行强行平仓。案例1中，兰达期货对朱某某强行平仓，案例2中，朗高期货对沈某某强行平仓，都是基于这一道理，只是案例2中，因为市场原因朗高期货进行强行平仓的交易指令未能成交。

在这里，需要特别提示投资者的是，为了有效控制风险，各期货公司都会根据期货交易所保证金收取比例确定本公司的收取比例，并据此判断投资者保证金是否充足。当投资者保证金低于期货公司的收取比例时，期货公司并不必然强行平仓，因为期货市场行情随时都可能发生朝有利于投资者持仓方向变化，如果过早强行平仓，可能将投资者浮动亏损转变为实际亏损，只有行情急剧变化，使投资者保证金可能低于或已经低于期货交易所保证金收取比例时，期货公司才会强行平仓。因此，当投资者接到期货公司追加保证金通知时，应当及时采取措施，合理控制资金与仓位，防止风险进一步扩大。

启示3：妥善保管账号和密码

在网上交易、电话委托交易等交易中，交易账号和密码非常重要，通过密码进行的交易往往被认定为投资者本人进行的交易，除非有相反证据予以证明。因此，投资者应当妥善保管账号和密码，如果出现遗失、泄露或被窃，应当及时联系期货公司进行处理。实践中，单纯发生密码泄露、被窃，并由此引起与期货公司纠纷的案例并不多见，更多的是投资者主张期货公司工作人员在知晓其账号和密码后擅自交易或者超越委托权限进行擅自交易，如案例3中郑某某、案例4中王某某。在这两个案例中，虽然郑、王二人与期货公司争议事实、败诉理由相差很大，但是如果二人能够妥善保管账号和密码，注意交易安全，并及时查询了解账户交易情况，也能在很大程度上预防争议发生。

 ## 启示4：委托他人交易或代为下单前应当审慎考虑

在期货交易过程中，有部分投资者由于轻信盈利承诺、盲目信任他人、时间精力不足以及其他原因，会选择委托他人交易或代为下单，被选择的对象包括期货公司工作人员、居间人以及其他人员。这里要提示投资者以下三点。

1. 不能委托期货公司工作人员进行交易。按照中国期货业协会《期货从业人员执业行为准则》的规定，从业人员不得以个人名义接受投资者委托代理从事期货交易，而且各期货公司在《期货经纪合同》中也明确约定，投资者不得要求期货公司或其工作人员以全权委托方式进行期货交易。如果投资者违反合同约定，私下委托期货公司工作人员进行交易，一旦发生纠纷，投资者很难向期货公司主张权利。实践中，还有另外一种情况，有的投资者为了图方便，自己决定交易指令内容，委托熟悉的期货公司工作人员代为下单。这种做法不值得鼓励，期货公司也都要求营销人员等不得代为下单，因为这种委托在执行过程中容易演变为全权委托、擅自交易，并引发投资者与期货公司及其工作人员的纠纷，案例4就是这种情况。

2. 委托居间人进行期货交易时应当慎重。居间人是受期货公司或者投资者的委托，为其提供订约的机会或者订立《期货经纪合同》的中介服务的公民或法人，期货公司或者投资者按照约定向居间人支付报酬，居间人独立承担基于居间关系所产生的民事责任。在实践中，有的投资者与期货公司订立《期货经纪合同》后，会基于熟悉、信任等原因，委托居间人代为从事期货交易。在这个过程中，有的居间人为了赚取更多报酬对交易不负责任，有的居间人交易水平不高，最终都导致投资者出现亏损或损失。因此，投资者在委托居间人进行期货交易前，应当慎重考虑，并在交易过程中，及时了解交易情况。

投资者还需要注意的是，不要将居间人误认为期货公司工作人员，避免出现案例3中郑某某的错误。确实需要委托居间人进行期货交易的，应当对其身份进行确认，并在交易过程中注意防范相关风险。确认居间人身份的方式包括：向期货公司查询了解、向居间人本人确认，以及通过事实综合判断。

3. 不能全权委托期货公司进行期货交易。当前，相关规定禁止期货公司在经纪业务中接受投资者全权委托。《中国期货业协会会员自律公约》第三条规定，期货公司"不得在期货经纪业务中从事或允许工作人员从事接受客户全权委托进行期货交易等超越经营范围的业务"。《最高人民法院关于审理期货纠纷案件若干问题的规定》第十七条也从另外一个角度进行了规定，该条规定："期货公司接受客户全权委托进行期货交易的，对交易产生的损失，承担主要赔偿责任，赔偿额不超过损失的百分之八十，法律、行政法规另有规定的除外。"当前，期货行业已经比较规范，类似案例5中叶某委托中昌期货营业部进行代客理财的案例不多。这种案例也比较容易辨识。不过，案例5也提示投资者不要相信期货交易的承诺盈利。

启示5：积极防范交易软件和交易系统故障，妥善处理与期货公司纠纷

投资者进行网上交易的过程中，有时会不可避免地遇到交易软件或交易系统故障。导致出现故障的原因有很多，如软件或系统的固有缺陷、人为疏忽、不可抗力等。这些故障往往会导致投资者丧失交易机会，并可能引发其与期货公司之间的纠纷。案例6中邱某某与普成期货的纠纷就是这方面的例子。在有关网上交易故障的争议中，投资者与期货公司双方对争议事实、责任归属往往各执一词，中间又夹杂着机会损失的确定问题，最终导致争议难以解决。在解决与期货公司争议过程中，投资者面临最大的困难是举证问题。由于交易软件、交易系统的专业性、复杂性，发生故障后，投资者难以准确判断查找故障原因、取得相关证据、确定责任归属，也因此经常面临维权失败的风险。因此，投资者在进行网上交易时，应当了解、掌握保存证据方法，注意及时保存证据，避免陷入举证不能的困境。同时，为了保障交易顺利进行，建议投资者采取更加积极主动的态度，按照期货公司要求配置并维护交易软件，熟悉交易软件功能特点及其局限性，熟练使用备用下单通道，当网上交易出现故障时，能够有效地通过其他方式进行交易，避免损失发生。

启示6：按照合同约定查询了解账户交易情况，预防纠纷发生

以上几个案例中，投资者与期货公司发生纠纷，或多或少地都与未能及时查询了解账户交易情况有关。因此，要提醒投资者的是，应当按照合同约定及时查询了解自己账户交易情况，这是投资者的合同义务，也是投资者保护自身权益的有效措施。期货公司会在《期货经纪合同》中约定，将中国期货保证金监控中心查询系统（www.cfmmc.com 或者 www.cfmmc.cn）作为主要通知方式，同时通过短信、网站公告以及其他方式进行辅助通知。投资者应当及时通过这些途径了解自己的交易、资金、权益等情况，从而合理安排交易，做好风险控制。

第十章 期货刑事案件中的经验教训

在参与期货交易的过程中，部分投资者为了不正当获取交易保证金，出现了合同诈骗、挪用公款、贪污等犯罪行为，最终受到刑法的严厉制裁。为了警示投资者加强风险控制，规范自身行为，避免重蹈覆辙，本章介绍了7件真实的期货刑事案件。这些案件的判决书选自最高人民法院中国裁判文书网，判决作出时间为2012年至2014年8月，各案件中，作为被告的期货投资者都被判处了幅度不等的刑罚。本章对各判决书进行了整理，隐去了当事人的真实姓名、名称，保留了其中案件事实及判决部分，并在此基础上撰写了给投资者的思考与启示，以更好地提示、警示投资者。同时，为了便于投资者完整地了解案件内容，吸取案件中投资者的沉痛教训，本章在每个案例前注明了相关文书编号，投资者可以据此到中国裁判文书网检索查阅文书的全文。

案例介绍

 案例1：周某甲诈骗合同货款弥补期货交易亏损、继续期货交易案

文书编号：（2013）温平刑初字第292号，（2013）浙温刑终字

第 425 号，（2012）温瑞商初字第 3679 号

2010 年开始至 2011 年 12 月期间，被告人周某甲投资期货亏损达人民币 2 000 余万元，亏欠巨款，资不抵债。2011 年 12 月 21 日，缪某在平阳县萧江镇的浙江庆华集团有限公司正泰分厂，通过电话问被告人周某甲是否有聚丙烯，被告人周某甲称有货。为此，缪某通过电话向被告人周某甲订购 50 吨聚丙烯，约定价格为人民币 10 150 元/吨及交货日期为 2012 年 1 月。被告人周某甲收取缪某的购货款人民币 50 万元后，未将该款用于组织货源，而将资金用于还债及投资期货，逾期不能按合同交付货物且无力退还购货款，后经缪某多次催要，才于 2012 年 2 月 25 日组织 38 吨聚丙烯交付给缪某，占有缪某货款人民币 10 万余元。

2012 年 1 月，广天集团有限公司华祥包装厂叶某在平阳县萧江镇通过电话问被告人周某甲是否有聚丙烯，被告人周某甲称有货。为此，叶某向被告人周某甲订购聚丙烯 50 吨，约定价格为人民币 10 150 元/吨，预付款人民币 50 万元，并约定于 2 月 10 日交货。被告人周某甲收到叶某的货款后，用于还债和期货投资，致使不能按合同交付货物且无力退还预付款，后经叶某多次催要货物，被告人周某甲于 2012 年 3 月 2 日组织 28 吨聚丙烯交付给叶某，占有叶某货款人民币 20 万余元。

2012 年 1 月，广天集团朝阳包装厂邱某在平阳县萧江镇通过电话问被告人周某甲是否有聚丙烯，被告人周某甲称有货。为此，邱某与被告人周某甲约定向其订购 100 吨聚丙烯，每吨价格人民币 1 万余元，邱某先后汇款计人民币 85 万元，约定春节前交货（即 2012 年 1 月 23 日）。被告人周某甲收到邱某先后汇给的人民币 85 万元购货款后，将资金用于还债和期货投资，致使逾期不能按合同

交付货物且无力退还购货款，后经邱某多次催要货物，被告人周某甲于 2012 年 3 月初组织 38 吨聚丙烯交付给邱某，占有邱某货款人民币 45 万余元。

2012 年 2 月 27 日、3 月 1 日，毛某通过电话问被告人周某甲是否有聚丙烯，被告人周某甲称有货，并与刘某、毛某口头约定：刘某、毛某以每吨人民币 10 500 元的价格向被告人周某甲订购 6 车皮计 348 吨的聚丙烯，汇给被告人周某甲订金人民币 200 万元，另有价值人民币 10 万元材料款折抵定金，约定付款后 15 天内交付货物。2 月 27 日，刘某、毛某各付订金人民币 70 万元，3 月 1 日毛某再付订金人民币 60 万元，合计人民币 200 万元，并于 3 月 7 日在平阳县萧江镇补签购货合同。被告人周某甲在收到刘某、毛某的订金后，未按合同约定去购买聚丙烯交付给刘某、毛某，而将订金用于归还他人欠款及期货交易。后经刘某、毛某多次催还，至今只退还现金人民币 10 万元。

一审法院认为，被告人周某甲以非法占有为目的，在签订、履行合同过程中骗取对方当事人财物，数额特别巨大，其行为已构成合同诈骗罪，判处有期徒刑 12 年，剥夺政治权利 3 年，并处罚金人民币 50 000 元，并责令被告人周某甲退赔违法所得人民币 265 万元，返还各被害人。

被告人周某甲不服，提出上诉。二审法院经审理认为，原审判决定罪准确，量刑适当，程序合法，裁定驳回上诉，维持原判。

另外，相关民事判决书显示，2012 年 2 月，即在周某甲以合同诈骗方式向以上刑事案件被害人骗取合同货款的期间内，周某甲以经营塑料需要资金周转为由向其岳叔父蔡某丙借款 150 万元，并由周某甲妻子蔡某丁作为共同借款人、儿子周某戊作为担保人。后因借款届期，周某甲和蔡某丁未能偿还借款，其子周某戊未能履行保证责任，蔡某丙因此将周某甲、蔡某丁、周某戊起诉至法院，要求偿还上述借款。法院对蔡某丙的诉讼主张予以支持。

案例2：金某某为参与期货交易进行房屋买卖诈骗案

文书编号：（2012）绍越刑初字第151号，（2013）绍越商初字第537号

被告人金某某因投资股票和期货市场亏损，欠下巨额债务。2011年2月，被告人金某某将自己居住的浙江省绍兴市越城区马臻路81号3幢304室的房屋所有权证抵押给证人张某甲，从张处借得人民币25万元。后因被告人金某某急需偿还他人欠款，将上述房屋挂在中介出卖，并用该套房屋所有权证的复印件让他人为其制作了伪造的房屋所有权证。同年3月28日至30日，被告人金某某为骗取被害人李某的购房款，与被害人李某签订该套房屋的房地产买卖合同，在骗得购房款人民币70万元后将伪造的房屋所有权证交给被害人李某。被告人金某某将所骗钱款投入期货市场但全部亏空。

2011年10月26日，被告人金某某主动到绍兴市公安局越城区分局投案，并如实供述了犯罪事实。案发后，赃款未被追回。

法院认为，被告人金某某以非法占有为目的，在签订、履行合同过程中，采用虚构事实、隐瞒真相等方法，骗取对方财物，数额特别巨大，其行为已构成合同诈骗罪，判处被告人金某某有期徒刑10年，剥夺政治权利1年，并处罚金人民币1万元；赃款继续予以追缴。

另外，相关民事判决书显示，2011 年 7 月，被告人金某某向徐某甲借款 15 万元，约定到 2012 年 7 月 22 日支付本息 186 000 元。借款到期后，被告金某某未能按照约定还款。徐某甲因此将金某某起诉至法院，法院对徐某甲的主要诉讼主张予以支持。

案例 3：王某甲以投资期货高额回报为名进行集资诈骗案

文书编号：（2013）浙甬刑一初字第 74 号

2009 年 2 月以来，被告人王某甲借款投资期货买卖，长期亏损。2010 年 7 月至 2011 年 10 月，被告人王某甲在明知自己买卖期货长期亏损、也无偿还能力的情况下，对外隐瞒真实情况，以投资期货买卖为名，以高额回报为诱饵，先后向丁某甲等 21 人募集资金共计 2 949.5 万元（币种均为人民币，下同），以返还本金、支付分红款（利息）的形式归还被害人共计 13 328 810 元，实际骗取集资款共计 16 166 190 元，用于归还债务、买卖期货、购买房产、汽车、挥霍等。

1. 2010 年 7 月至 2011 年 9 月，被告人王某甲多次从丁某甲处或者通过丁某甲从丁某乙、周某甲、丁某丙、丁某丁、丁某戊、杨某、丁某己等人处募集资金共计 813 万元，已归还 650 万元，其余 163 万元未归还。

2. 2010 年 8 月、2011 年 5 月，被告人王某甲先后两次从方某处募集资金共计 70 万元，未归还。

3. 2010 年 11 月 29 日，被告人王某甲通过陆某甲从曹某甲处募集资金10万元，未归还。

4. 2010年11月至2011年8月，被告人王某甲多次从曹某乙处募集资金共计460万元，已归还140万元，其余320万元未归还。

5. 2010年11月至2011年10月，被告人王某甲多次从潘某处募集资金共计171.5万元，已归还91.5万元，其余80万元未归还。

6. 2010年12月、2011年7月，被告人王某甲先后两次从陈某处募集资金共计75万元，已归还33.5万元，其余41.5万元未归还。

7. 2011年1月18日，被告人王某甲从周某乙处募集资金10万元，未归还。

8. 2011年2月至7月，被告人王某甲多次从吴某甲处募集资金共计80万元，已归还30.481万元，其余49.519万元未归还。

9. 2011年2月至8月，被告人王某甲多次从吴某乙处募集资金共计1 000万元，已归还270万元，其余730万元未归还。

10. 2011年3月、8月，被告人王某甲先后两次从姚某处募集资金共计30万元，已归还12万元，其余18万元未归还。

11. 2011年4月至8月，被告人王某甲多次从沈某处募集资金共计160万元，已归还99.6万元，其余60.4万元未归还。

12. 2011年4月至10月，被告人王某甲先后两次通过陆某甲从陆某乙处募集资金40万元，未归还。

13. 2011年8月20日，被告人王某甲通过陆某甲从陆某丙处募集资金20万元，已归还2.8万元，其余17.2万元未归还。

14. 2011年9月5日，被告人王某甲从孙某处募集资金10万元，已归还3万元，其余7万元未归还。

被告人王某甲为逃避被害人向其追偿债务，于2012年2月2日潜逃至重庆市巫山县巫峡镇，直至同年9月15日被抓获归案。

法院认为，被告人王某甲以非法占有为目的，采用诈骗方法非法集资，数额特别巨大，其行为已构成集资诈骗罪，判处王某甲有期徒刑 15 年，并处罚金人民币 50 万元；责令被告人王某甲将违法所得人民币 16 166 190 元退赔给被害人。

案例4：吴某某通过虚构期货交易的庞氏骗局进行集资诈骗案

文书编号：（2013）锡刑二初字第 0006 号

2009 年 3 月，被告人吴某某与妻子许某某出资注册成立了无锡市永事达贸易有限公司（以下简称永事达公司），经营项目是建材、金属材料、化工产品、针纺织品及原料、电子产品、橡塑制品的销售等。2010 年 11 月，被告人吴某某又与他人在南京市共同出资设立了江苏锦融投资有限公司（以下简称锦融公司），经营项目是金属制品、建筑材料、化工原料、初级农产品、电子产品、机械设备的批发和实业投资。但两公司实际上均从事期货、现货的相关业务，实际控制人均是被告人吴某某。

因永事达公司的经营情况不佳、客户不多，被告人吴某某即采用"虚拟交易"的方法来提高知名度，发展客户。为了诱骗客户将资金交给他，被告人吴某某本人及其聘用的陈某某、许某某、陈某、翟某某、李某某、潘某某、施某某、李某某、郑某等人，在社会上公开宣传永事达公司"炒期货"能带来较高收益，吸引他人投资。被告人吴某某还通过与投资人订立《委托理财协议》，承诺由永事达公司代为操作期货交易，与客户风险共担，按照 3:7 的比例与客户分配期货交易盈利，期货交易亏损不足投资金额30%时，永事达公司承担亏损额的30%；亏损额超过投资金额30%，超出部分由永事达公司承担，其余部分仍由永事达公司承担30%的方法，降低投资人对于投资风险的担忧，骗取他人的信任（其中少数《委托理财协议》和向投资人出具的收据加盖的是锦融公司公章）。为顺利募集资金，被告人吴某某虚构期货交易的品种、点位和盈利情况，将后期收取的投资人资金当作期货交易的"盈利"分配给前期的投资人，造成其为他人代为操作期货交易回报率高的假象，从而欺骗更多的人投入资金。

2009年6月至2012年5月，被告人吴某某以永事达公司和锦融公司的名义，在未经国家有关主管部门批准向社会公众募集资金的情况下，采用前述欺骗手段，以代为操作期货交易为由，先后向江阴、上海等地的陆某某、王某某、翟某某、仇某某、季某某、刘某某、徐某某、孙某、金某某、张某、陈某某、凌某某、承某某、葛某、张某某、许某某等400余人非法募集资金共计1.7亿余元。

上述骗取的资金，除大部分被被告人吴某某作为"盈利"用于给投资者"分红"外，还分别用于开办公司、支付借款利息、弥补投资损失以及购买房产、汽车和个人挥霍，到澳门赌博等。至案发时，造成投资人实际损失共计7 000余万元。

2012年5月12日，被告人吴某某至南京市玄武区公安分局投案，并如实供述了上述事实。

法院认为，被告人吴某某以非法占有为目的，违反国家金融管理法律规定，采用委托理财的方式非法吸收公众资金，并通过口口相传等方式，向社会公众公开宣传，用后期收取的资金当作期货交易的"盈利"分配给前期的投资人，以高回报率为诱饵骗取社会公众的集资款，诈骗数额特别巨大，其行为已构成集资诈骗罪，判处吴某某有期徒刑 15 年，并处罚金人民币 40 万元；扣押在案的赃款由扣押机关江阴市公安局按比例发还被害人；尚未追缴的赃款继续予以追缴，无法追缴的，责令被告人吴某某退赔，发还被害人。

案例 5：李某某挪用公款进行期货交易案

文书编号：（2014）芗刑初字第 64 号

2011 年 7 月至 2012 年 11 月，被告人李某某利用担任中共漳州市委某局报账员，负责保管单位现金的职务便利，私自截留公款人民币 202 499.13 元；还利用借款人在报销费用时其应该开具收据给借款人冲抵借款的情况下，采用开具收据不入账、少开收据金额入账和不开收据等手段从中截留公款人民币 455 000 元。被告人李某某挪用了中共漳州市委某局公款共计人民币 657 499.13 元用于个人期货投资。案发后，被告人李某某已将人民币 312 720.8 元归还给中共漳州市委某局。2013 年 10 月 12 日，被告人李某某主动向漳州市芗城区人民检察院投案。

法院认为，被告人李某某身为国家工作人员，利用职务上的便利，多次挪用公款进行营利活动，数额巨大，且挪用公款数额巨大不退还，其行为已构成挪用公款罪，判处被告人李某某有期徒刑 8 年；责令被告人李某某将未退还的赃款人民币 344 778.33 元退还给中共漳州市委某局。

案例6：郑某某贪污公款进行期货交易案

文书编号：（2012）唐刑初字第94号

被告人郑某某利用担任唐山市供销合作总社财务处现金出纳的职务便利，于2011年7月挪用唐山市供销合作总社筹集资金40万元进行期货交易。同年8月至9月，其利用兼任唐山市供销合作总社下属单位唐山市合富投资有限公司出纳的职务便利，先后分32笔将公款5 339 960元转到其本人及其母亲郑某甲账户内，并使用其中的350万元进行期货交易。同年9月至10月7日，郑某某相继从其期货账户及银行账户提取现金人民币共计5 375 263.99元（其中个人资金10.25万元），个人消费8.8万元，后携款潜逃。同年10月27日，郑某某在秦皇岛被抓获。案发后追回赃款合计人民币5 161 955.92元。

法院认为，被告人郑某某身为国家工作人员，利用职务上的便利，侵吞公款5 360 763.99元，其行为已构成贪污罪，判处被告人郑某某无期徒刑，剥夺政治权利终身，并处没收个人全部财产。

案例7：方某、彭某等以期货对敲交易进行盗窃案

文书编号：（2012）杭下刑初字第59号

2009 年 10 月至 2011 年 1 月 13 日，被告人方某、彭某、谢某、熊某及王某某（已判决）等人经事先预谋，由被告人方某、彭某、熊某分别安排被告人谢某及王某某、陈某甲、李某、方某甲等人到融联期货开立账户，由被告人方某利用钓鱼网站获取在融联期货开立的多名被害人账户和密码后采取"对敲"方式，盗窃得各被害人在融联期货账户内的资金，其中被告人方某盗窃 5 次，合计人民币 41 322.8 元；被告人彭某盗窃 2 次，合计人民币 24 244.27 元；被告人熊某、谢某各盗窃一次，各计人民币 13 668.53 元。具体事实如下：

1. 2009 年 10 月 27 日，被告人方某和陈某甲经事先预谋，由被告人方某利用陈某甲在融联期货开立的账户与漳州重方公司账户以期货"对敲"的方式，窃得该公司账户内人民币 2 230 元。后陈某甲将人民币 1 700 元退还融联期货。

2. 2009 年 11 月 2 日，被告人方某分别和李某、方某甲经事先预谋，由被告人方某利用李某、方某甲在融联期货开立的账户与被害人郑某甲账户以期货"对敲"的方式，分别窃得郑某甲账户内人民币 460 元、720 元。

3. 2010 年 12 月 6 日，被告人方某、彭某经事先预谋，由被告人彭某骗取冯某身份证后在融联期货开立账户，由被告人方某利用冯某的账户与同在融联期货开户的被害人潘某的账户以期货"对敲"的方式，窃得被害人潘某账户内人民币 9 670 元及其他损失（手续费）人民币 98.26 元。后被告人彭某分得人民币 5 000 元，被告人方某分得人民币 4 670 元。

4. 2010 年 12 月 24 日，被告人方某、谢某、熊某经事先预谋，由被告人熊某安排被告人谢某在融联期货开立账户，由被告人方某利用被告人谢某的账户分别与被害人钱某账户、被害人涂某账户以期货"对敲"的方式，分别窃得被害人钱某账户内人民币 6 100 元及其他损失（手续费）人民币 9.06 元、被害人涂某账户内人民币 7 550 元及其他损失（手续费）人民币 9.47 元。后被告人方某分得人民币 2 000 元，被告人熊某分得人民币 4 000 元，被告人谢某分得人民币 4 000 元，余款用于挥霍。

5. 2011 年 1 月 13 日，被告人方某、彭某及王某某经事先预谋，由被告人彭某安排王某某在融联期货长沙营业部开立账户，由被告人方某利用王某某账户与被害人郑某乙的账户以期货"对敲"的方式，窃得郑某乙账户内人民币 13 540 元及其他损失人民币 936.01 元（其中手续费 146.01 元、亏损 790 元）。后被告人方某分得人民币 5 000 元，被告人彭某分得人民币 6 900 元，王某某分得人民币 1 000 元。

2011 年 9 月至 11 月，被告人彭某、方某、熊某先后前往派出所投案，谢某被抓获。后被告人方某退赔人民币 25 623 元，被告人彭某退赔人民币 14 000 元，并由公安机关发还给被害人。

法院认为，被告人方某、彭某、谢某、熊某以非法占有为目的，采用秘密手段，窃取他人财物，其中被告人方某、彭某数额巨大，被告人谢某、熊某数额较大，其行为均已构成盗窃罪，且系共同犯罪。结合本案的犯罪事实、性质、社会危害程度及四被告人的悔罪态度，具体判决如下：1. 被告人方某犯盗窃罪，判处有期徒刑三年，缓刑四年，并处罚金人民币 6 000 元；2. 被告人彭某犯盗窃罪，判处有期徒刑二年，缓刑三年，并处罚金人民币 4 000 元；3. 被告人谢某犯盗窃罪，判处有期徒刑一年零五个月，并处罚金人民币 2 000 元；4. 被告人熊某犯盗窃罪，判处有期徒刑一年零四个月，缓刑二年，并处罚金人民币 4 000 元。

思考与启示

以上 7 个案例中，被告人均被判处刑罚，其罪名不同，刑期不等，罪名涉及合同诈骗罪、集资诈骗罪、挪用公款罪、贪污罪、盗窃罪，刑期从有期徒刑 1 年直到无期徒刑，有的还被判处罚金，剥夺政治权利。虽然罪名、刑罚各不相同，但这被告人的犯罪目的相差不大，主要是想获取期货交易保证金，借此弥补此前交易亏损，或者赚取交易盈利，或者窃取不义之财。这些被告人最终东窗事发，身陷囹圄，教训沉痛，值得所有投资者思考并引以为戒。通过这 7 个案例，投资者在参与期货交易时，可以得出以下几点启示。

 ## 启示 1：正确认识期货交易风险特性，合理运用期货进行风险管理

对于具体投资者而言，期货是进行投机、获取投机收益的工具，也能够用于进行套期保值，对冲生产经营中的价格风险，还可以用作确定价格的标准或参考。由于期货特殊的交易方式，投资者参与期货交易时，虽然可能获得较高的收益，但也承担着较高的风险。

以上案例中，有的投资者，如案例 1 中的周某甲，正是因为没有正确认识到期货及期货交易风险，才导致在发生巨额亏损后铤而走险，以违法犯罪手段获取期货交易的保证金，继续进行交易，最后不但失去人身自由，而且在民间借贷中连累家人。其实，周某甲从事聚丙烯生产或销售，在客观上具有套期保值需求。如果周某甲

在进行期货交易时，以套期保值，规避价格风险为目的，避免过度投机，有效控制风险，及时止损，周某甲肯定不是现在的处境。

周某甲的教训警示投资者，在进行期货交易时，务必做好资金管理和风险控制，量力而行，使用相对空闲、宽松的资金进行交易。如果在亏损的情况下挪用其他资金或者使用借款进行交易，将放大资金杠杆，并承担更高的风险。

启示2：平和理性地处理交易损失，避免赌徒心态

投资者在进行期货交易时发生损失在所难免，需要以正确的心态对待处理。在以上案例中，投资者最终被判刑，其根本原因之一是在期货交易损失发生后，不能以理性、平和的心态进行处置，反而用触犯刑法的犯罪行为寻求解决之道，甚至为害他人。案例1中周某甲如此，案例3中王某甲更是如此。王某甲以借贷资金进行期货交易发生亏损，无力偿还时，如就此停止，不以期货交易高额回报为诱饵募集资金，则其所涉纠纷性质上可能只是民事借款纠纷，不会构成集资诈骗，最终失去人身自由，但王某甲的实际行为恰恰说明其不但未能做到以相对理性、平和的心态处理期货交易亏损，还越走越远，酿成人生的悲剧。

启示3：不要相信期货交易能够带来高额回报的宣传

期货交易风险较高且客观存在，无法消除。投资者在参与期货

交易时，一定要对此有清醒的认识。案例 3 中王某甲、案例 4 中吴某某，之所以能够进行集资诈骗，一方面是因为二人精心宣传的结果；另一方面也是因为仍有投资者在参与期货交易时，风险意识不强，相信关于期货交易能够获得高额回报的宣传。两个案例中，作为被害人的投资者在参与王某甲、吴某某组织的活动前如果进行必要的入市前准备，树立相应的风险意识，就不会上当受骗。对此，投资者应当引以为戒。另外，投资者认为确实需要委托专业人士或专业机构进行交易的，可以考虑选择具有合法期货资产管理业务资格的期货经营机构。

启示 4：要以合法资金参与期货交易

按照法律法规规定、《期货经纪合同》约定，投资者应当保证其资金来源的合法性。案例 5 中李某某挪用公款进行期货交易、案例 6 中郑某某以贪污款项进行期货交易，都违反了以合法资金参与期货交易的基本要求。李某某、郑某某二人的行为，在侵犯公共财产所有权的同时，将非法取得的资金投入到高风险的期货交易中，还导致这部分资金可能因为交易损失而难以追回。法院所做刑事判决，是对李某某、郑某某二人犯罪行为的严肃惩戒，也警示投资者在进行期货交易时，应当以合法资金参与期货交易。

启示5：加强账号和密码保护，关注账户交易情况，防范被窃

案例7是有关通过对敲进行盗窃的案例。近几年，期货市场中通过对敲交易转移投资者账户资金的案件时有发生。进行对敲的关键条件之一是获取账号和密码。在对敲案件中，行为人获取投资者账户和密码的方式多种多样，如钓鱼网站、多次猜测、取得投资者信任后告知等。一旦行为人掌握了投资者的账号和密码，很容易通过对敲方式转移投资者账户资金。为此，投资者应当加强自身账号和密码保护，同时及时了解自身账户交易情况，发现账户交易有异常情况，应当尽快向期货公司反映，确认是否有人操纵自己账户，从而防范对敲案件发生，避免出现不必要的损失。

期货投资咨询
业务篇

第十一章　期货投资咨询业务介绍

 一、期货投资咨询业务的推出背景

近年来，随着国际国内经济金融形势复杂多变，大宗商品价格大幅波动，广大实体企业、产业客户利用期货市场进行风险管理、套期保值的需求与日俱增，大中型企业和银行对期货投资咨询服务的需求日益强烈。2010 年股指期货平稳推出后，相关机构投资者也日益需要期货公司提供专业化期货投资咨询服务。同时期，期货市场也处于从量的扩张向质的提升转变的关键阶段。

在该业务推出前，期货市场上期货投资咨询活动缺少规范管理。为了积极促进期货市场功能发挥，引导期货公司为广大实体企业、产业客户以及机构投资者提供更多、更好的专业化服务，进一步提高期货市场对国民经济的服务质量和水平，也为了规范和加强对期货公司期货投资咨询业务的监管，引导期货行业加强专业人才队伍建设，促进期货投资咨询业务规范健康发展，中国证监会制定了《期货公司期货投资咨询业务试行办法》，推出该项业务。

二、期货投资咨询业务的服务内容和定位

（一）期货投资咨询业务的服务内容

期货公司期货投资咨询业务是指基于客户委托，期货公司开展的风险管理顾问、期货研究分析、期货交易咨询等营利性业务。具体业务内容为如下：

表1   **期货公司期货投资咨询业务**

业务	内容
风险管理顾问	协助客户建立风险管理制度、操作流程，提供风险管理咨询、专项培训等
期货研究分析	收集整理期货市场及各类经济信息，研究分析期货市场及相关现货市场的价格及其相关影响因素，制作提供研究分析报告或者资讯信息
期货交易咨询	为客户设计套期保值、套利等投资方案，拟定期货交易操作策略等

（二）期货投资咨询业务的定位

期货投资咨询业务是从实体企业、产业客户以及机构投资者的风险管理需求出发，发挥期货行业专业优势，开展以风险管理顾问服务为核心，以期货研究分析和期货交易咨询为支持的期货投资咨询服务活动，逐步改变过去那种单纯依附于期货经纪业务、以"拉客户炒单"为目的的咨询服务模式，切实提升期货行业对投资者、对国民经济的服务水平和质量。

三、期货投资咨询业务的相关规定

（一）期货公司期货投资咨询业务试行办法

2010 年，中国证监会发布了《期货公司期货投资咨询业务试行办法》。该试行办法分为六章，三十六条，对期货公司的期货投资咨询业务资格和人员从业资格、业务规则、防范利益冲突、监督管理和法律责任等内容进行了规定。另外，1997 年国务院证券委员会也曾制定《证券、期货投资咨询管理暂行办法》。

截至 2014 年 8 月，共有 84 家期货公司依据该试行办法取得了期货投资咨询业务资格。

（二）期货投资咨询服务合同指引

为了配合期货投资咨询业务的顺利推出，指导期货公司制定期货投资咨询服务合同，根据《期货公司期货投资咨询业务试行办法》的规定，中国期货业协会制定了《期货投资咨询服务合同指引》。该指引包含了投资者与期货公司声明与保证、权利义务等合同必备内容，并要求期货公司在合同正文中向投资者明示双方权利义务。另外，该指引还包含了《期货投资咨询风险揭示书》、《期货投资咨询客户须知》，要求期货公司向投资者揭示接受该服务的风险，提示投资者应当知晓的各项内容。

四、期货投资咨询业务中的投资者保护

期货投资咨询业务是期货公司商品期货经纪业务、金融期货经

纪业务之外一项新的业务。为了规范期货公司开展该项业务，保护投资者合法权益，中国证监会在《期货公司期货投资咨询业务试行办法》的"业务规则"、"防范利益冲突"等章节中进行了相关规定。主要条款如下：

（一）维护投资者合法权益

第十条 期货公司及其从业人员不得对期货投资咨询服务能力进行虚假、误导性的宣传，不得欺诈或者误导客户。

第十三条 期货公司及其从业人员在开展期货投资咨询服务时，不得从事下列行为：（一）向客户做获利保证，或者约定分享收益或共担风险；（二）以虚假信息、市场传言或者内幕信息为依据向客户提供期货投资咨询服务；（三）利用期货投资咨询活动操纵期货交易价格、进行内幕交易，或者传播虚假、误导性信息；（四）以个人名义收取服务报酬；（五）期货法规、规章禁止的其他行为。

期货投资咨询业务人员在开展期货投资咨询服务时，不得接受客户委托代为从事期货交易。

第十四条 期货公司应当事前了解客户的身份、财务状况、投资经验等情况，认真评估客户的风险偏好、风险承受能力和服务需求，并以书面和电子形式保存客户相关信息。

第十六条 期货公司提供风险管理服务时，应当发挥自身专业优势，为客户制定符合其需要的风险管理制度或者操作流程，提供有针对性的风险管理咨询或者培训，不得夸大期货的风险管理功能。

第二十条 期货公司以期货交易软件、终端设备为载体，向客户提供交易咨询服务或者具有类似功能服务的，应当执行本办法，并向客户说明交易软件、终端设备的基本功能，揭示使用局限性，说明相关数据信息来源，不得对交易软件、终端设备的使用价值或功能作出虚假、误导性宣传。

第二十六条 期货投资咨询业务人员应当以期货公司名义开展期货投资咨询业务活动，不得以个人名义为客户提供期货投资咨询服务。

（二）防范利益冲突

第十九条 期货公司提供交易咨询服务时，应当向客户明示有无利益冲突，提示潜在的市场变化和投资风险，不得就市场行情做出确定性判断。

期货公司应当告知客户自主做出期货交易决策，独立承担期货交易后果，并不得泄露客户的投资决策计划信息。

第二十三条 期货公司应当制定防范期货投资咨询业务与其他期货业务之间利益冲突的管理制度，建立健全信息隔离机制，并保持办公场所和办公设备相对独立。

期货投资咨询业务活动之间可能发生利益冲突的，期货公司应当作出必要的岗位独立、信息隔离和人员回避等工作安排。

第二十四条 期货公司及其从业人员与客户之间可能发生利益冲突的，应当遵循客户利益优先的原则予以处理；不同客户之间存在利益冲突的，应当遵循公平对待的原则予以处理。

（三）法律责任

第三十二条 期货公司或其从业人员开展期货投资咨询业务出现下列情形之一的，中国证监会及其派出机构可以针对具体情况，根据《期货交易管理条例》第五十九条的规定采取相应监管措施：（一）对期货投资咨询服务能力进行虚假、误导性宣传，欺诈或者误导客户；（二）高级管理人员缺位或者业务部门人员低于规定要求；（三）以个人名义为客户提供期货投资咨询服务；（四）违反本办法第十三条规定；（五）未按照规定建立防范利益冲突的管理制度、机制；（六）未有效执行防范利益冲突管理制度、机制且处置失当，导致发生重大利益冲突事件；（七）利用研究报告、资讯信息为自身及其他利益相关方谋取不当利益；（八）其他不符合本办法规定的情形。

期货公司或其从业人员出现前款所列情形之一，情节严重的，根据《期货交易管理条例》第七十条、第七十一条、第七十三条、第七十四条相关规定处罚；涉嫌犯罪的，依法移送司法机关。

第十二章 投资者可能遇到的常见问题及处理

投资者参与期货投资咨询业务时会遇到一些疑问，本章收集整理了投资者可能遇到的部分问题，并尝试进行解答，以供参考。

 ## 问题1：投资者如何使用期货公司提供的投资咨询建议？

答：期货公司提供投资咨询建议是为投资者参与期货交易提供参考，不是代为决策，建议内容带有针对性、时效性和不可避免的局限性，投资者在使用这些建议时应当进行审慎、客观评估，在此基础上决定是否采纳并承担相应后果。为此，《期货公司期货投资咨询业务试行办法》第十四条规定："期货公司应当针对客户期货投资咨询具体服务需求，揭示期货市场风险，明确告知客户独立承担期货市场风险"；第十九条规定："期货公司应当告知客户自主做出期货交易决策，独立承担期货交易后果，并不得泄露客户的投资决策计划信息。"

具体来说，期货公司作为经许可专门从事期货业务的金融机构，比投资者，包括个人投资者、实体企业、其他金融机构更加熟悉和了解期货市场，所提供的咨询建议也更加专业和有针对性。基于此，由期货公司向投资者提供风险管理顾问服务、研究分析服务、交易咨询服务等，更加有利于投资者利用期货市场进行风险管理，降低参与期货交易风险。但是，由于期货市场变化具有不确定性，任何预测都可能与实际情况存在差异，而且研究资料来源、研究方法、分析结论无法做到完美无缺，咨询建议具有时效性、针对性和不可避免的局限性，不能在任何市场环境下长期有效。另外，也不能完全排除期货公司及其投资咨询服务人员可能存在的道德风险。因此，投资者在使用期货投资咨询建议时，应当进行审慎客观地评估后，再决定是否采用。

 问题2：期货投资咨询的从业人员可以以个人名义提供咨询服务、收取报酬吗？

答：这是被禁止的。按照《期货公司期货投资咨询业务试行办法》第十三条、第十五条、第二十六条规定，期货从业人员不得以个人名义为投资者提供期货投资咨询服务，不得以个人名义收取服务报酬，而应当以期货公司名义开展业务，相关费用标准也应当在《期货投资咨询服务合同》中进行明确约定。

期货公司中从事期货投资咨询业务的人员为投资者提供咨询服务，是代表所在期货公司的职务行为，只能以期货公司的名义与投资者进行业务往来。按照上述《试行办法》规定，个人不能取得期货投资咨询业务资格，不能以个人名义提供咨询服务、收取报酬。

实践中，投资者有投资咨询需求时，虽然会联系自己熟悉的期货公司从业人员，但应当与期货公司签署《期货投资咨询服务合同》。合同应当明确服务的内容、人员、费用等一系列事项。期货公司中从事期货投资咨询的从业人员只是接受所在公司的委派，为投资者提供合同约定的服务。如果有从业人员以个人名义提供服务或收取报酬，投资者应当认识到这是违规违约的，并予以拒绝。同时，投资者也不应当向从业人员个人寻求咨询服务，并向其支付报酬。否则，一旦出现纠纷，除了少数情况外，多数情况会被认定为投资者与业务人员个人之间的私下行为，与期货公司无关，所产生的损失，也将根据法律规定或合同约定由投资者全部或部分承担。

问题3：期货投资咨询的从业人员可以接受投资者全权委托进行期货交易吗？

答：这是被禁止的。按照《期货公司期货投资咨询业务试行办法》第十三条规定："期货投资咨询业务人员在开展期货投资咨询服务时，不得接受客户委托代为从事期货交易。"

该禁止性规定是中国证监会从规范期货投资咨询业务人员行为的角度提出的监管要求，更是对投资者权利的保护。当前，有的投资者对期货公司工作人员过度信任，或者受到少数期货公司工作人员的违规劝诱，全权委托后者进行期货交易，并发生了实际损失和纠纷。在期货投资咨询业务中，这种情况也有可能出现。为此，上述《试行办法》明确禁止这种行为，中国期货业协会《期货投资咨询服务合同指引》也明确规定：投资者"……应当知晓期货公司及其从业人员在开展期货投资咨询业务过程中不得从事下列行为：……（六）接受客户委托代为从事期货交易"，并要求投资者签署确认，其目的就是预防、减少、杜绝此类违规行为，保护投资者合法权益。

问题4：期货投资咨询业务实行投资者适当性制度吗？

答：《期货公司期货投资咨询业务试行办法》（以下简称《试行办法》）没有明确规定该项业务实行投资者适当性管理。

投资者适当性制度是指根据产品特征和风险特性，区别投资者的产品认知水平和风险承受能力，选择适当的投资者审慎参与该产品交易，并建立与之相适应的监管制度安排。按照这一理解，中国证监会在《试行办法》第三章"业务规则"中规定了体现适当性制度要求的条款。该《试行办法》第十四条规定："期货公司应当事前了解客户的身份、财务状况、投资经验等情况，认真评估客户的风险偏好、风险承受能力和服务需求，并以书面和电子形式保存客户相关信息。期货公司应当针对客户期货投资咨询具体服务需求，揭示期货市场风险，明确告知客户独立承担期货市场风险。"中国期货业协会《期货投资咨询服务合同指引》将《试行办法》第十四条的内容进行具体落实，并要求双方在合同中写明。

问题5：经纪业务中，期货公司在投资者开户和后续交易过程中提供的咨询属于期货投资咨询吗？

答：二者分别属于不同业务，前者属于经纪业务，后者属于期货投资咨询业务，不能混淆。

按照《期货交易管理条例》的规定，期货公司业务实行许可制度，由中国证监会按照业务种类颁发许可证。上述两种咨询活动，分别属于期货经纪业务（含商品期货经纪业务、金融期货经纪业务）和期货投资咨询业务。

在期货经纪业务中，期货公司在投资者开户和交易过程中提供的咨询是附随的、延伸的服务，主要作用是开发和维护客户，该服务不是《期货经纪合同》的主要内容，也不是双方当事人的主要权利义务，该服务是非营利的，期货公司对此不单独收取费用，而且对提供咨询人员的资格没有特别要求，一般营销人员就可以从事。而在期货投资咨询业务中，期货公司提供的核心服务就是基于投资者的专门委托提供投资咨询服务，具体包括风险管理顾问服务、研究分析服务、交易咨询服务以及中国证监会规定的其他服务，该服务是营利性的，期货公司将有权根据合同具体约定向投资者收取服务报酬，在从业人员方面，特别要求只有具有期货投资咨询业务从业资格的人员才可以为投资者提供此类服务。

期货资产管理
业　务　篇

第十三章 期货资产管理业务介绍

 一、期货资产管理业务的推出背景

近年来，期货市场呈现出快速健康发展的良好局面，期货市场法规体系日益完善，期货品种不断丰富，期货公司诚信合规意识显著提高，资本实力、盈利能力不断增强。但是与国际成熟市场相比，我国期货市场投资者结构不合理，机构投资者较少，市场深度不够，流动性不稳定。

开展资产管理业务试点，首先，有利于培育和发展机构投资者，改善期货市场投资者结构，提高期货市场定价效率，促进期货市场功能不断发挥；其次，有利于发挥期货公司在衍生品市场领域的专业特长和比较优势，提供以期货对冲和套利为主的资产管理服务，满足投资者的多元化投资需求；最后，有利于进一步提高期货公司中介服务能力，借鉴国际成熟市场发展的一般经验，引导期货公司为实体经济和各类投资者提供优质服务。

二、期货资产管理业务的服务对象和投资范围

（一）期货资产管理业务的服务对象

按照《期货公司监督管理办法》、《期货公司资产管理业务试点办法》规定，资产管理业务是期货公司接受客户委托，运用客户委托资产进行投资，投资收益由客户享有，损失由客户承担，期货公司按照合同约定收取费用或者报酬的业务活动。

在业务试点初期，期货资产管理业务类似于证券公司定向资产管理业务，期货公司仅能接受单一客户委托进行资产管理。新发布的《期货公司监督管理办法》对服务对象范围进行了扩展，包括：（1）为单一客户办理资产管理业务；（2）为特定多个客户办理资产管理业务。

在服务对象上，《期货公司资产管理业务试点办法》第九条规定："资产管理业务的客户应当具有较强资金实力和风险承受能力。单一客户的起始委托资产不得低于100万元人民币。期货公司可以提高起始委托资产要求。"《私募投资基金监督管理暂行办法》也包含了类似的规定。

（二）期货资产管理业务的投资范围

在投资范围方面，《期货公司监督管理办法》、《期货公司资产管理业务试点办法》规定，期货公司资产管理业务可以投资于：1. 期货、期权及其他金融衍生品；2. 股票、债券、证券投资基金、集合资产管理计划、央行票据、短期融资券、资产支持证券等；3. 中国证监会认可的其他投资品种。

三、期货资产管理业务的相关规定

（一）中国证监会的相关规定

2012 年，中国证监会发布了《期货公司资产管理业务试点办法》（以下简称《试点办法》）。该《试点办法》分为七章，五十三条，对业务试点资格、业务规范、业务管理和风险控制制度、账户监测监控、监督管理和法律责任等内容进行了规定。另外，为了推进期货公司资产管理业务规范开展，保护投资者合法权益，中国证监会制定了《期货公司单一客户委托资产管理业务工作指引》，在《试点办法》的基础上，对开展该项业务进行了更加细致的规定。

2014 年，中国证监会发布《期货公司监督管理办法》，规定了资产管理业务的服务对象、投资范围、期货公司及从业人员行为准则等内容。《私募投资基金监督管理暂行办法》对期货公司开展资产管理业务的登记备案、合格投资者、资金募集、投资运作、行业自律、监督管理和法律责任等进行了具体的规定。

（二）中国期货业协会的自律规则

为了配合期货资产管理业务顺利推出，指导期货公司制定资产管理合同，中国期货业协会先后于 2012 年、2013 年制定了《期货公司资产管理合同指引》、《期货公司资产管理业务投资者适当性评估程序（试行）》和《关于〈期货公司资产管理合同指引〉的补充规定》，对期货公司与投资者签订资产管理合同的必备条款、揭示风险、评估投资者风险认知水平和承受能力、委托资产托管等事项进行了规定。

四、期货资产管理业务中的投资者保护

　　期货公司资产管理业务是继期货公司期货投资咨询业务之后推出的另一项新业务。在该项业务中，有关投资者保护的制度和措施体现在以下几个方面：对期货公司和从业人员的资格管理、业务规范管理和风险控制、投资者适当性制度、合同的风险提示和权利义务安排。

　　（一）期货公司和从业人员的资格管理

　　和期货公司期货投资咨询业务一样，期货公司资产管理业务也实行资格管理。目前，期货公司从事该项业务应当按照《期货公司监督管理办法》规定进行登记备案，期货公司中从事资产管理工作的人员应当取得相应的资格，否则就不能从事该项业务或相关工作。截至2014年8月，共有34家期货公司取得了期货资产管理业务资格。

　　（二）业务规范管理和风险控制

　　为了规范期货公司的经营行为，也为了保护投资者的合法权益，《期货公司资产管理业务试点办法》第三章"业务规范"、第四章"业务管理和风险控制制度"规定了期货公司应当执行的投资者保护措施，如第十四条规定期货公司不得公开推广宣传或招揽客户，不得夸大业绩；第十八条规定期货公司不得承诺最低收益；第三十三条规定期货公司不得进行不公平交易，损害客户合法权益等。投资者在接受期货公司服务前，应当了解《期货公司资产管理业务试点办法》的内容。

　　《期货公司监督管理办法》第六十八条要求，期货公司及其从业人员在从事资产管理业务时，不得有下列行为：（1）以欺诈手段或者其他不当方式误导、诱导客户；（2）向客户做出保证其资产本金不受损失或者取得最低收益的承诺；（3）接受客户委托的初始资产低于中国证监会规定的最低限额；（4）占用、挪用客户委托资产；（5）以转移资产管理账户收益或者亏损为目的，在不同账户之间进行买卖，损害客户利益；（6）以获取佣金或者其他利益为目的，使用客户资产进行不必要的交易；（7）利用管理的客户资产为第三方谋取不正当利益，进行利益输送；（8）法律、行政法规以及中国证监会规定禁止的其他行为。

《私募投资基金监督管理暂行办法》也从资金募集、投资运作的角度提出了业务规范管理要求。

（三）投资者适当性制度

1. 投资者适当性制度的基本要求

在资产管理业务中，实施投资者适当性制度是保护投资者合法权益的重要措施之一。《期货公司资产管理业务试点办法》对投资者适当性制度进行了规定。其中，第九条要求，投资者应当具有较强的资金实力和风险承受能力，单一客户的起始委托资产不得低于100万元人民币，期货公司可以提高起始委托资产要求；第十条要求，期货公司董事、监事、高级管理人员、从业人员及其配偶不得作为本公司资产管理业务的客户，期货公司股东、实际控制人及其关联人以及期货公司董事、监事、高级管理人员、从业人员的父母、子女成为本公司客户的，应当向住所地证监局备案，并在本公司网站上披露其关联关系或者亲属关系；第十五条要求，投资者应当以真实身份参与资产管理，委托资产来源及用途应当符合法律法规规定，不得违反规定向公众集资；第十七条要求，投资者应当对市场及产品风险具有适当的认识，主动了解资产管理投资策略的风险收益特征，结合自身风险承受能力进行自我评估，期货公司应当对投资者适当性进行审慎评估。

《私募投资基金监督管理暂行办法》也对参与期货公司资产管理的合格投资者的资金实力提出了要求。

2. 投资者适当性评估程序

为了贯彻落实《期货公司资产管理业务试点办法》的规定，2012 年，中国期货业协会会同中国期货保证金监控中心制定了《期货公司资产管理业务投资者适当性评估程序（试行）》。该规定从投资者身份识别、委托资金合法性要求、自然人投资者综合评估、投资者风险认识水平和风险承受能力调查等方面对期货公司执行投资者适当性制度提出了要求，同时该规定后附了三个附件：《期货公司资产管理业务自然人投资者适当性综合评估表》、自然人和机构《期货公司资产管理业务投资者调查问卷》，对该规定的要求进行细化。投资者适当性评估是期货公司评估投资者和投资者进行自我评估，并依据评估结果决定提供或接受该项服务的重要过程。投资者应当本着对自己负责的态度，认真进行评估并使用评估结果。

（四）合同的风险提示和权利义务安排

中国期货业协会《期货公司资产管理合同指引》是期货公司与投资者订立资产管理合同的重要指导性文件。该合同指引要求期货公司在签订合同前，充分向投资者揭示参与期货资产管理业务的风险，做好投资者保护工作，同时以合同必备条款的形式列举了期货公司、投资者双方的权利义务。投资者在签订合同前应当认真阅读并理解合同的各项内容，切忌草草签署了事。

第十四章　投资者可能遇到的常见问题及处理

投资者参与期货资产管理业务时会遇到一些疑问，本章收集整理了投资者可能遇到的部分问题，并尝试进行了解答，以供参考。

 问题1：投资者提取部分委托资产后，资产管理账户权益为什么不能低于约定的起始委托资产？

答：这主要是为了避免规避法律规定，从实质意义上满足《期货公司资产管理业务试点办法》有关起始委托资产金额的要求。

《期货公司资产管理业务试点办法》第九条规定："资产管理业务的客户应当具有较强资金实力和风险承受能力。单一客户的起始委托资产不得低于100万元人民币。期货公司可以提高起始委托资产要求。"为了从实质上满足这一对投资者资金实力的法定要求，中国期货业协会《期货公司资产管理合同指引》第三条规定："在合同存续期内，当资产管理账户权益高于约定的起始委托资产金额时，客户可以按合同约定的时间和方式提取部分委托资产，但提取后的资产管理账户权益不得低于约定的起始委托资产金额。"

需要注意的是，投资者不能将上述"提取后的资产管理账户权益不得低于约定的起始委托资产金额"理解为提取后的资产管理账户权益不得低于 100 万元人民币,因为按照《期货公司资产管理业务试点办法》第九条的要求,100 万元是最低的起始委托资产,如果投资者与期货公司约定了更高数额的起始委托资产,那么,提取后的资产管理账户权益应当是高于 100 万元的。

这一规定在从实质上满足《期货公司资产管理业务试点办法》对投资者资金实力的要求的同时,还能够促使投资者在参与期货资产管理时更加审慎,是对投资者的一种保护。

问题 2:期货公司员工个人可以接受投资者的委托为其进行资产管理吗?

答:这是不允许的。虽然《期货公司资产管理业务试点办法》没有明确禁止期货公司员工个人受托为投资者进行资产管理,但是从《期货交易管理条例》有关期货公司业务许可制度的设置、《期货公司资产管理业务试点办法》的立法本意来看,都不允许期货公司员工个人接受投资者的委托为其进行资产管理。其原因类似于期货投资咨询从业人员不能以个人名义提供咨询服务、收取报酬。期货公司工作人员在履行职务,为投资者提供资产管理服务过程中,只能采用期货公司名义,而不能用其个人名义。

从另外一个角度来说,如果允许期货公司员工个人为投资者进行资产管理,无异于允许员工个人接受投资者全权委托进行期货交易。这对投资者权益的保护是不利的。在实践中,期货公司工作人员因私下接受投资者全权委托进行期货交易方面的纠纷仍然存在。其成因一方面在于期货交易风险很高,容易发生亏损,导致交易结果与投资者预期存在较大差距；另一方面，期货公司工作人员在交易过程中，为了赚取利润分成或获取较高的手续费收取，往往倾向于冒险或进行频繁交易。当此类纠纷发生后，因为是投资者对期货公司员工个人的私下委托行为，其难以向期货公司主张索赔，只能向受托员工个人主张权利，最终，所遭受的损失经常无法挽回。

因此，从维护自身权益出发，投资者在参与期货资产管理业务过程中，切勿主动向期货公司员工个人进行委托，也不要受到后者的劝诱，委托其进行资产管理。

问题3：在合同履行过程中，投资者为什么不能干涉期货公司执行资产管理投资策略？

答：投资者的干涉将造成两个后果，一是违反合同，二是将影响投资策略的执行效果，并可能引发有关业绩报酬计算困难等诸多问题。因此，投资者不能干涉期货公司执行投资策略。

制定并执行投资策略是期货公司为投资者提供资产管理服务的核心内容。有关投资策略也是《期货资产管理合同》的基本内容。例如，中国期货业协会《期货公司资产管理合同指引》第七条明确规定"（二）客户的义务，至少应当包括：……6. 不得违反合同约定干涉期货公司执行资产管理投资策略。"各期货公司与投资者签订的合同中也基本上都有类似条款。在合同履行过程中，如果投资者干涉期货公司执行合同确定的投资策略，行为性质属于违约，投资者应当承担相应的违约责任。

从投资策略制定和执行的角度看，对经过充分协商并研究制定的投资策略也不宜随意进行干涉。一般来说，投资策略是投资者与期货公司共同协商确定的，包含了投资者资产管理的各项需求，也包含了期货公司的专业研究、判断，是一个比较科学合理的方案。在执行过程中，由于期货市场行情的不确定性，投资收益出现波动是正常的。这种波动只要处于合同约定的可控范围，就不宜过分担心，也不宜因此对策略执行随意干涉。否则，有可能影响策略执行效果或造成不必要亏损。

投资者关心委托资产安全和交易情况可以理解。但是，从重合同守信用的角度，也从保持投资策略充分完整执行的角度，投资者不应该随意干涉。如果投资者认为现有投资策略不尽科学合理或者不符合自己的要求，可以与期货公司进行协商，变更合同并调整投资策略，也可以终止委托关系。

 问题 4：投资者委托期货公司进行资产管理有风险吗？可以稳赚不赔吗？

答：期货交易具有高风险的特点，而且这种风险是固有的，投资者委托专业的期货公司进行资产管理可以在一定程度上降低期货交易的风险，但是无法做到完全避免风险，稳赚不赔。

期货交易的风险和收益是相伴相生的。参与期货交易在面临高风险的同时，也有机会获取较高的收益。期货公司作为专门的金融机构，虽然在衍生品市场领域具有专业特长和比较优势，其制定的投资策略更加科学合理，但也不能完全避免风险。这种风险是投资者必须面对并且承担的。对此，《期货公司资产管理业务试点办法》第十八条、第二十五条规定："资产管理合同应当明确约定，由客户自行独立承担投资风险。期货公司不得向客户承诺或者担保委托资产的最低收益或者分担损失"，"期货公司应当与客户明确约定风险提示机制，期货公司要根据委托资产的亏损情况及时向客户提示风险"。

因此，投资者委托期货公司进行资产管理切勿抱有稳赚不赔的过高心态。在委托前应当认真阅读并理解《期货资产管理合同》，特别是其中《风险揭示书》的相关内容，对期货市场及产品风险具有适当的认识，了解资产管理方案和投资策略的风险收益特征，接受期货公司的审慎评估并进行自我评估，当发生交易损失时应当正确对待，并按照合同约定及时进行处置。

问题5：期货公司资产管理岗位人员会不会通过恶意炒单来赚取手续费？

答：按照现有规定和制度设计，期货资产管理业务中的恶意炒单行为能够被有效预防，投资者不必过于担心。

实践中，部分投资者全权委托他人进行期货交易，在这个过程中确实存在受托人恶意炒单，赚取手续费收取，损害投资者权益的现象。但这种现象主要存在于期货经纪业务中。在期货资产管理业务中，由于事先进行了较为科学的制度设计，这种现象可以得到有效预防。

在这方面，《期货公司资产管理业务试点办法》、《期货公司资产管理合同指引》进行了较为完善的规定。其中，《期货公司资产管理业务试点办法》第二十七条、第二十九条、第三十三条分别规定"期货公司应当建立健全并有效执行资产管理业务管理制度，加强对资产管理业务的交易监控，防范业务风险，确保公平交易"，

"有效执行资产管理业务人员管理和业务操作制度，采取有效措施强化内部监督制约和奖惩机制，强化投资经理及相关资产管理人员的职业操守，防范利益冲突和道德风险"，"期货公司及其资产管理人员不得以获取佣金、转移收益或者亏损等为目的，在同一或者不同账户之间进行不公平交易，损害客户合法权益"。

《期货公司资产管理合同指引》第十六条、第十七条、第十八条规定"合同应载明有关管理费、业绩报酬的支付标准、计算方法、支付时间、支付方式等事宜"，"期货公司应在合同中告知客户可就交易费用的上限与期货公司进行约定"，同时，期货公司还应当向投资者解释说明从委托资产中支付的全部费用种类及其支付标准，并由投资者签字确认。

此外，从持续经营的角度，期货公司在为投资者进行资产管理过程中也没有动力进行恶意炒单。在该项业务中，期货公司收费包括管理费、业绩报酬和交易费用，手续费是交易费用的一部分，期货公司的盈利主要来源于前两者，如果进行恶意炒单赚取手续费，则无异于杀鸡取卵。

因此，基于上述周密的制度安排，应该不会发生恶意炒单赚取手续费的问题。如果投资者发现期货公司可能存在此类行为，可以向中国证监会、证监局以及中国期货业协会等举报或投诉。

问题6：投资者委托期货公司进行资产管理需要注意什么？

答：投资者参与资产管理，涉及投入大额资金，且面临期货交易的固有风险，因此，对该业务进行全面地了解非常必要，投资者在参与资产管理业务前，应当做到以下几点。

1. 了解有关资产管理业务的法律法规、基础知识、业务特点、风险收益特征等内容，了解期货公司是否具有开展资产管理业务的资格，并认真听取期货公司对相关业务规则和资产管理合同内容的讲解。

2. 综合考虑自身的资产与收入状况、投资经验、风险偏好，确信自身有承担参与资产管理业务所面临投资风险和损失的能力，审慎选择与自身风险承受能力相匹配的资产管理投资策略。

3. 了解参与资产管理业务通常具有的市场风险、管理风险、流动性风险、信用风险及其他风险，包括但不限于政策风险、经济周期风险、利率风险、技术风险、操作风险、不可抗力因素导致的风险等。

4. 特别关注投资期货类品种具有的特定风险，包括但不限于因保证金交易方式可能导致投资损失大于委托资产价值的风险，因市场流动性不足、交易所暂停某合约的交易、修改交易规则或采取紧急措施等原因，未平仓合约可能无法平仓或现有持仓无法继续持有的风险。

5. 知晓合同虽然约定了一定的止损比例，但由于持仓品种价格可能持续向不利方向变动、持仓品种因市场剧烈波动不能平仓等原因，委托资产亏损存在超出该止损比例的风险。

6. 知晓参与资产管理业务的资产损失由客户自行承担，期货公司不以任何方式对客户作出取得最低收益或分担损失的承诺或担保。

7. 知晓客户无论参与资产管理业务是否获利，都需要按约支付管理费用和其他费用，会对客户的账户权益产生影响。

8. 知晓期货公司在一定条件下存在变更投资经理人选的可能，会对资产管理投资策略的执行产生影响。

9. 知晓期货公司既往的资产管理业绩并不预示其未来表现。期货公司介绍的预期收益仅供客户参考，不构成对委托资产可能收益的承诺或暗示。

维权方式篇

投资者在通过期货公司进行期货交易的过程中，其合法权益可能会因为期货公司的过失或故意而受到侵害，比如期货公司交易系统出现故障，或者因为收费标准等与期货公司产生纠纷。如何有效地解决与期货公司之间的纠纷，对于投资者尤为重要。通常的纠纷解决方式主要有以下四种：和解、调解、仲裁、诉讼。

第十五章 和   解

投资者与期货公司发生纠纷后，最直接的解决途径就是协商和解，双方在平等自愿的基础上，本着互谅互让的态度，心平气和地进行谈判，力求达到相互满意的结果。这种方式可以节省时间、精力、金钱，也避免了双方大动干戈，有利于以后继续合作。

 ## 一、和解的含义和适用范围

和解是当事人双方自行协商，就实体权利的处分达成协议，从而解决争议的活动，是解决投资者与期货公司之间纠纷的重要方式，《民事诉讼法》第五十一条规定"双方当事人可以自行和解"。

和解可以分为诉讼外的和解与诉讼中的和解。诉讼外的和解是民事主体在诉讼外进行的民事行为，不具有任何诉讼上的意义和效力。诉讼中的和解是当事人双方在诉讼进行中自行协商，达成协议。本章所说的和解，是投资者与期货公司之间诉讼外的和解。

一般来说，对于基本事实清楚、争议不大的简易纠纷；双方曾有较好的合作基础，只是因为暂时争议导致的纠纷；双方仍然存在合同关系，相互之间仍然会继续合作的纠纷等，投资者和期货公司都可以通过和解的方式予以解决。

二、和解的过程

和解程序灵活，没有特别要求。一般来说，和解包含提出诉求、沟通协商、达成和解三个部分。

（一）提出诉求

当争议发生后，投资者选择与期货公司和解的，应向期货公司提出诉求或权利主张。当前，期货公司根据法律法规和监管规定公布了接受投资者投诉的渠道，包括电话、邮箱、传真、营业场所现场等。当发生争议时，投资者可以通过这些渠道，与期货公司进行沟通。

（二）沟通协商

投资者向期货公司提出诉求后，双方可以进行友好协商，期货公司对投资者诉求进行处理和回复，如果投资者能够接受期货公司的处理方案，则双方可以达成和解协议，如果不能接受，投资者可以考虑调解、仲裁、诉讼等其他方式解决争议。

（三）达成和解

达成和解必须以双方平等自愿为前提，并且应当签署和解协议。在和解协议中，双方可以处分自己的权利，只要不违反法律的强制性规定，均属有效。和解协议具有合同的效力，对双方有约束力，但没有强制执行效力，需要由当事人自愿履行，如果一方当事人违反，则应当承担违约的民事责任，另一方可以根据约定申请仲裁或者提起诉讼。

第十六章 调 解

一、调解的含义和特点

调解是在和解之外，又一种相对经济高效的纠纷解决方式。调解是指第三方（调解人员）通过说服、疏导等方法，促使投资者和期货公司在平等协商基础上自愿达成调解协议，解决纠纷的活动。调解应当在当事人自愿、平等的基础上进行，尊重当事人的权利，不得违背法律法规和国家政策，不得因调解阻止当事人依法通过仲裁、行政、司法等途径维护自己的权利。

调解与和解的区别主要在于，调解是在调解人员主持下，通过深入细致的工作，使双方当事人达成调解协议；和解是当事人自己协商解决纠纷。

二、调解的种类及选择

根据调解组织类型的不同，调解可以分为：法院调解、仲裁调解、人民调解、行政调解、行业调解和其他机构或个人调解。

对于期货纠纷，争议双方可以选择法院调解、仲裁调解、行政调解、行业调解，至于人民调解，期货纠纷双方一般不倾向于选择。其中，法院调解、仲裁调解与诉讼、仲裁密切相关，属于非独立性调解；行政调解、行业调解属于独立性调解，并在解决期货纠纷中具有优势。因为期货纠纷具有较强的专业性，对调解机构和调解人员专业水平的要求比较高，中国证监会及其派出机构、中国期货业协会、期货交易所等机构作为期货市场的管理部门，更加了解期货交易和期货市场。投资者申请由这些机构调解其与期货公司的纠纷，更加有助于纠纷解决。

2013 年以来，中国期货业协会启动了建立行业纠纷调解机制工作，目前，已经完成规则制定、调解委员会成立、调解员遴选等工作，开始接受调解申请。

下面以中国期货业协会的行业调解为例进行介绍。

三、调解员

（一）聘请调解员的原因

期货行业纠纷调解，是调解员主持并帮助投资者与期货公司双方以谈判、协商的方法，处理与解决争议，以达到化解纷争的目的。调解员能否胜任、如何发挥作用，是决定调解成败的重要因素。投资者与期货公司聘请调解员解决纠纷，就是因为双方之间无法进行有效地协商，仅靠各说各的"理"不能使问题得到解决。为此，希望凭借调解员的社会影响、个人声望、专业技能与实践经验，促成双方化解纷争，达成合意。

（二）调解员的地位和作用

通常情况下，在调解过程中，调解员不会像律师那样为争议双方提供法律意见，也不像法官或仲裁员，为双方争议作出裁判。他的身份是一个中立的第三人，运用自身的知识、技能和经验化解纠纷。在调解过程中，调解员应当始终保持中立、不偏袒一方，坚持独立性与公正性。调解员的角色和作用可以概括为：为争议的双方搭起一座沟通的桥梁，促进双方当事人的协商、谈判，寻找双方都可以接受的解决方法，并促成调解协议的签署和履行。

（三）调解员的选择

投资者和期货公司有权选择调解员。鉴于调解员在争议解决中的重要作用，投资者和期货公司在进行选择时，应当对调解员的素质和能力进行全面了解。一般来说，一个好的调解员应当心智机敏，具有个人风格魅力；具备极大的耐心，充满责任感和敬业精神；应当拥有丰富的知识结构、专业技能与谈判技巧；还要面对困境、压力，冷静思考、从容应对。此外，最好要了解期货交易的专业知识，掌握相关的法律法规，能够学会分析和揣摩当事人的心理，体察当事人的诉求，尊重当事人的决定等。

四、调解程序

以《中国期货业协会调解规则》为例，调解程序按照先后顺序大致可以分为申请和受理、选定和指定调解员、调解进行、调解终止四个部分。

（一）申请和受理

在发生争议前，投资者与期货公司之间已经约定调解条款的，中国期货业协会可以根据调解条款及当事人申请进行审查，决定是否受理；未约定调解条款的，中国期货业协会在收到一方当事人调解申请后，符合受理条件的，经征得他方当事人同意，可以进行调解。调解条款是指当事人之间达成的以调解方式解决争议的约定。

（二）选定和指定调解员

中国期货业协会决定受理后，需要由双方当事人确定调解员人选。普通纠纷由 1 名调解员进行调解，争议金额较大、案情复杂的重大疑难纠纷由 3 名调解员进行合议调解。

（三）调解进行

在调解过程中，调解员可以选择灵活的方式进行调解，如现场调解、书面调解、电话调解、面对面调解、背对背调解等。一般来说，调解不公开进行。调解员应当在规定时间内完成调解，如 20 个工作日。

（四）调解终止

当出现当事人不同意继续调解、当事人和解、双方达成调解协议、调解无成功可能等情形时，调解程序即终止。经过调解，当事人就全部或部分纠纷事项达成调解协议的，应当制作调解协议书。对于没有达成调解协议的部分纠纷事项，应当在调解协议书中作出明确表述。

五、调解协议及其效力

调解协议是指经调解组织调解达成的、有民事权利义务内容，并由双方当事人签字或者盖章的书面文件，具有民事合同性质。当事人应当按照约定履行自己的义务，不得擅自变更或者解除调解协议。

调解协议一般包含当事人的基本情况，纠纷的主要事实、争议事项以及各方当事人的责任，当事人达成调解协议的内容，履行的方式、期限等。调解协议经双方当事人签字或盖章后，并由调解员签名、调解组织盖章后生效，通常由当事人各执一份，调解组织留存一份。

由于调解协议不能被强制执行，为了强化调解协议的效力，在行政机关或行业组织主持下达成的调解协议，可以通过向法院申请支付令、申请公证机关公证、调解转裁决程序等方式，获得强制执行力。具体为：（1）申请支付令，即双方当事人达成有给付内容的调解协议后，一方当事人未能履行协议时，另一方当事人可以按照《民事诉讼法》的规定，向有管辖权的基层人民法院申请支付令；（2）申请公证，即由当事人申请公证机关对调解协议进行公证，一方当事人不履行调解协议时，另外一方当事人可以向公证机关申请《执行证书》，对方仍不履行的，当事人可以凭调解协议、《执行证书》向法院申请强制执行；（3）调解转裁决，即由仲裁机构根据双方当事人之间的调解协议作出仲裁裁决，使其具有终局性效力和强制执行力。

第十七章　仲　　裁

除了和解、调解，仲裁也是解决投资者与期货公司之间纠纷的有效方式。

 ## 一、仲裁的含义

仲裁是纠纷双方当事人在争议发生前或发生后达成协议，自愿将双方的纠纷交由中立的第三方进行审理并作出对争议双方均产生拘束力裁决的活动。仲裁遵循自愿原则，充分尊重当事人的意愿，实行一裁终局，仲裁裁决具有法律上的强制力。

 ## 二、仲裁协议及常见问题

（一）仲裁协议的形式和内容

按照《仲裁法》的规定，仲裁协议包括合同中订立的仲裁条款和以其他书面方式在纠纷发生前或者纠纷发生后达成的请求仲裁的协议，在内容上应当具有：请求仲裁的意思表示、仲裁事项、选定的仲裁机构（仲裁委员会）。

（二）仲裁协议确定的仲裁机构

选择仲裁机构是仲裁协议的基本内容。我国当前仲裁机构数量众多，为了纠纷能够得到公正、及时和低成本的解决，投资者和期货公司在仲裁协议中应当择优选定仲裁机构。双方在选择仲裁机构时应当考虑以下几个因素：一是选择管理规范、信誉良好的仲裁机构；二是优先考虑一些经济较为发达的大城市仲裁机构，这主要是因为大城市交通便利，仲裁机构条件优越，经验丰富，仲裁员队伍整体素质较高；三是选择就近的仲裁机构，以便减少奔波，节省精力，降低成本。

（三）仲裁协议中常见问题的说明

实践中，期货公司与投资者约定的仲裁协议有时因为存在瑕疵，导致双方在争议发生后申请仲裁时产生分歧，阻碍了及时有效地解决纠纷。下面结合《最高人民法院关于适用〈中华人民共和国仲裁法〉若干问题的解释》的相关规定，对投资者和期货公司可能遇到的分歧进行解释说明：

1. 仲裁协议约定的仲裁机构名称不准确，但能够确定具体仲裁机构的，应当认定选定了仲裁机构；

2. 仲裁协议约定两个以上仲裁机构的，当事人可以协议选择其中的一个仲裁机构申请仲裁，当事人不能就仲裁机构选择达成一致的，仲裁协议无效；

3. 仲裁协议约定由某地的仲裁机构仲裁且该地仅有一个仲裁机构的，该仲裁机构视为约定的仲裁机构，该地有两个以上仲裁机构的，当事人可以协议选择其中的一个仲裁机构申请仲裁，当事人不能就仲裁机构选择达成一致的，仲裁协议无效；

4. 当事人约定争议可以向仲裁机构申请仲裁也可以向法院起诉的，仲裁协议无效，但一方向仲裁机构申请仲裁，另一方未在仲裁庭首次开庭前提出异议的除外。

三、仲裁程序

（一）申请和受理

争议发生后，投资者或期货公司申请仲裁的，应当向仲裁委员会递交前述仲裁协议、仲裁申请书及副本。在仲裁申请书中应当载明下列事项：1. 双方当事人基本情况；2. 仲裁请求和所根据的事实、理由；3. 证据和证据来源、证人姓名和住所。仲裁委员会收到仲裁申请书后进行审查，认为符合受理条件的，予以受理，并通知当事人，认为不符合受理条件的，书面通知当事人不予受理并说明理由。

仲裁委员会受理仲裁申请后，在仲裁规则规定的期限内将仲裁规则和仲裁员名册送达申请人，并将仲裁申请书副本和仲裁规则、仲裁员名册送达被申请人。被申请人收到仲裁申请书副本后，在仲裁规则规定的期限内向仲裁委员会提交答辩书。仲裁委员会收到答辩书后，在规定的期限内将答辩书副本送达申请人。被申请人未提交答辩书的，不影响仲裁程序的进行。在此期间，申请人可以放弃或者变更仲裁请求。被申请人可以承认或者反驳仲裁请求，有权提出反请求。

投资者、期货公司都可以委托律师或其他代理人进行仲裁活动。委托律师或其他代理人进行仲裁活动的，应当向仲裁委员会提交授权委托书。

（二）仲裁庭的组成

申请受理后，投资者和期货公司应当选定仲裁员组成仲裁庭。仲裁庭可以由 3 名仲裁员或者 1 名仲裁员组成。仲裁庭由 3 名仲裁员组成的，投资者和期货公司应当各自选定或者各自委托仲裁委员会主任指定 1 名仲裁员，第 3 名仲裁员由投资者和期货公司共同选定或者共同委托仲裁委员会主任指定，第 3 名仲裁员是首席仲裁员。投资者和期货公司约定由 1 名仲裁员成立仲裁庭的，应当共同选定或者共同委托仲裁委员会主任指定仲裁员。双方没有在仲裁规则规定的期限内约定仲裁庭的组成方式或者选定仲裁员的，由仲裁委员会主任指定。仲裁庭组成后，仲裁委员会将仲裁庭的组成情况书面通知投资者、期货公司。

选择仲裁员是仲裁程序中非常重要的一个环节，既是法律赋予双方当事人的权利，也直接关系着仲裁案件能否公正、及时地予以解决，投资者和期货公司对此不可掉以轻心。双方在选择仲裁员时，应当把握三条原则：一是选择熟悉期货专业知识和法律知识的仲裁员，二是避免选择具有法定回避情形的仲裁员，三是按照仲裁规则在规定的时间内选择仲裁员。

（三）开庭和裁决

1. 开庭

仲裁应当开庭进行。投资者和期货公司协议不开庭的，仲裁庭可以不开庭。在进行审理过程中，仲裁不公开进行，双方协议公开的，也可以公开进行。投资者或期货公司有正当理由的，可以请求延期开庭，由仲裁庭决定是否延期。申请人经书面通知，无正当理由不到庭或者未经仲裁庭许可中途退庭的，可以视为撤回仲裁申请。被申请人经书面通知，无正当理由不到庭或者未经仲裁庭许可中途退庭的，可以缺席裁决。

在仲裁过程中，投资者或期货公司应当对自己的主张提供证据。仲裁中的证据应当在开庭时出示，双方可以质证。在证据可能灭失或者以后难以取得的情况下，可以申请证据保全。投资者、期货公司在仲裁过程中有权进行辩论。辩论终结时，首席仲裁员或者独任仲裁员应当征询投资者、期货公司的最后意见。仲裁庭应当将开庭情况记入笔录。笔录由仲裁员、记录人员、投资者、期货公司和其他仲裁参与人签名或者盖章。

2. 裁决

仲裁裁决按照多数仲裁员的意见作出，少数仲裁员的不同意见可以记入笔录，仲裁庭不能形成多数意见时，裁决按照首席仲裁员的意见作出。裁决书应当写明仲裁请求、争议事实、裁决理由、裁决结果、仲裁费用的负担和裁决日期。投资者、期货公司协议不愿写明争议事实和裁决理由的，可以不写。裁决书由仲裁员签名，加盖仲裁委员会印章。对裁决持不同意见的仲裁员，可以签名，也可以不签名。仲裁庭仲裁纠纷时，其中一部分事实已经清楚，可以就该部分先行裁决。裁决书自作出之日起发生法律效力。

四、仲裁中的和解与调解

投资者和期货公司申请仲裁后，可以自行和解。达成和解协议的，可以请求仲裁庭根据和解协议作出裁决书，也可以撤回仲裁申请，撤回仲裁申请后反悔的，可以根据仲裁协议申请仲裁。

仲裁庭在作出裁决前，可以先行调解，投资者和期货公司自愿调解的，仲裁庭应当调解。调解不成的，应当及时作出裁决，调解达成协议的，仲裁庭应当制作调解书或者根据协议的结果制作裁决书，调解书与裁决书具有同等法律效力。调解书写明仲裁请求和双方协议的结果，由仲裁员签名，加盖仲裁委员会印章，送达投资者和期货公司双方，经签收后即发生法律效力。在调解书签收前一方或双方反悔的，仲裁庭应当及时作出裁决。

五、仲裁裁决的撤销

投资者或期货公司一方申请法院执行仲裁裁决，另一方提出证据证明裁决有《民事诉讼法》第二百三十七条第二款规定的情形之一的，经法院组成合议庭审查核实，裁定不予执行。这些情形包括：

（一）当事人在合同中没有订有仲裁条款或者事后没有达成书面仲裁协议；

（二）裁决的事项不属于仲裁协议的范围或者仲裁机构无权仲裁；

（三）仲裁庭的组成或者仲裁的程序违反法定程序；

（四）裁决所根据的证据是伪造；

（五）对方当事人向仲裁机构隐瞒了足以影响公正裁决的证据；

（六）仲裁员在仲裁该案时有贪污受贿，徇私舞弊，枉法裁决行为。

法院在审查核实中认定执行该裁决违背社会公共利益，也会裁定不予执行。

仲裁裁决被法院裁定不予执行的，投资者和期货公司可以根据双方达成的书面仲裁协议重新申请仲裁，也可以向法院起诉。

投资者或期货公司申请撤销裁决的，应当自收到裁决书之日起六个月内提出，法院应当在受理撤销裁决申请之日起两个月内作出撤销裁决或者驳回申请的裁定。

六、仲裁裁决的执行

仲裁裁决具有法律上的强制力。投资者、期货公司都应当履行裁决，一方当事人不履行的，另一方当事人可以向法院申请执行。被申请人提出证据证明裁决有前述应当被裁定不予执行的情形之一的，由法院组成合议庭审查核实，裁定不予执行。一方当事人申请执行裁决，另一方当事人申请撤销裁决的，法院裁定中止执行。法院裁定撤销裁决的，裁定终结执行。撤销裁决的申请被裁定驳回的，法院应当裁定恢复执行。

另外，需要提示说明的是，投资者或期货公司申请执行仲裁裁决案件，应当向被执行人住所地或者被执行的财产所在地的中级人民法院提出申请。

第十八章 诉 讼

 一、诉讼的管辖和证据

（一）管辖

1. 级别管辖

按照《最高人民法院关于审理期货纠纷案件若干问题的规定》，期货纠纷案件由中级人民法院管辖，高级人民法院根据需要可以确定部分基层人民法院受理期货纠纷案件。

2. 地域管辖

在地域管辖方面，期货公司和投资者往往通过管辖协议确定管辖法院。按照《民事诉讼法》的规定，投资者可以与期货公司在书面合同中协议选择被告住所地、合同履行地、合同签订地、原告住所地、标的物所在地法院管辖，这种选择只要不违反有关级别管辖和专属管辖的规定即可，双方如果没有约定，其合同纠纷将由被告住所地或者合同履行地法院管辖。

有关管辖法院的约定直接关系到当事人参加诉讼便利程度和成本高低。当前，在期货公司提供的合同中，管辖法院往往被选择为期货公司住所地法院。投资者在订立合同时，最好争取选择有利于自己的管辖法院，如自己住所地法院。需要说明的是，在合同履行地方面，在期货公司的分公司、营业部等分支机构进行期货交易的，该分支机构住所地为合同履行地。因实物交割发生纠纷的，期货交易所住所地为合同履行地。

（二）证据

1. 证据的种类

证据是证明待证实事是否客观存在的材料，有着极其重要的意义，既是法院认定案件事实的根据，也是法院作出裁判的基础。按照《民事诉讼法》的规定，证据有以下几种：当事人的陈述、书证、物证、视听资料、电子数据、证人证言、鉴定意见、勘验笔录。

在期货案件中，书证、电子数据、视听资料等形式的证据具有重要地位。

2. 举证责任

按照《民事诉讼法》及相关司法解释的规定，当事人对自己提出的主张，有责任提供证据，没有证据或者证据不足以证明当事人的事实主张的，由负有举证责任的当事人承担不利后果。

《最高人民法院关于审理期货纠纷案件若干问题的规定》规定，期货公司应当对客户的交易指令是否入市交易承担举证责任。确认期货公司是否将客户下达的交易指令入市交易，应当以期货交易所的交易记录、期货公司通知的交易结算结果与客户交易指令记录中的品种、买卖方向是否一致，价格、交易时间是否相符为标准，指令交易数量可以作为参考。但客户有相反证据证明其交易指令未入市交易的除外。期货公司向客户发出追加保证金的通知，客户否认收到该通知的，由期货公司承担举证责任。

二、审判程序

（一）一审普通程序

按照《民事诉讼法》的规定，一审普通程序包括起诉和受理、审理前的准备、开庭审理、诉讼中止和终结、判决和裁定。下面介绍前三项内容。

1. 起诉和受理

投资者或期货公司（原告）提起诉讼的，应当递交起诉状。法院对符合起诉条件的案件，予以立案并通知当事人，对不符合起诉条件的案件，裁定不予受理，原告对裁定不服的，可以提起上诉。

2. 审理前的准备

立案后，被告应当在规定时间内提出答辩状。被告不提出答辩状的，不影响法院审理。当事人对管辖权有异议的，应当在提交答辩状期间提出。法院对当事人异议进行审查，异议成立的，裁定将案件移送有管辖权的法院，异议不成立的，裁定驳回。当事人未提出管辖异议，并应诉答辩的，视为受诉人民法院有管辖权。

法院审理投资者与期货公司之间的案件，一般公开进行。原告经传票传唤，无正当理由拒不到庭的，或者未经法庭许可中途退庭的，可以按撤诉处理；被告反诉的，以及经传票传唤，无正当理由拒不到庭的，或者未经法庭许可中途退庭的，可以缺席判决。

3. 案件审理

案件审理包括法庭调查、法庭辩论、案件评议和宣告判决等。

（1）法庭调查

法庭调查是法院依照法定程序、在法庭上对案件事实进行调查、对各种证据予以核实的诉讼活动。法庭调查是开庭审理的核心，目的在于对证据质证、辩论、审查核实证据。证据陈述、出示、宣读完毕，法庭调查终结，进入法庭辩论阶段。

（2）法庭辩论

法庭辩论是在法庭调查的基础上，双方当事人运用法庭调查已查实的证据，结合有关法律的规定，对认定案件事实，确定诉讼请求等方面仍有争议的问题进行辩论，反驳对方的意见，阐明自己主张的正确性。进行法庭辩论的目的，一是经过辩论认定事实；二是辨明是非，以便法院作出正确的裁判。法庭辩论终结，由审判长征询各方最后意见，之后依法作出判决。

（3）案件评议和宣告判决

案件评议是合议庭根据法庭调查和法庭辩论的情况，确定案件的性质，认定案件的事实，分清是非责任，正确地适用法律，对案件作出最后的处理。案件评议后应当制作判决书。法院审理案件一律公开宣告判决。

（二）二审程序

投资者或期货公司不服一审判决或裁定的，有权向上一级法院提起上诉。

二审法院对上诉请求的有关事实和适用法律进行审查，并按照不同情形，分别处理：1. 原判决、裁定认定事实清楚，适用法律正确的，以判决、裁定方式驳回上诉，维持原判决、裁定；2. 原判决、裁定认定事实错误或者适用法律错误的，以判决、裁定方式依法改判、撤销或者变更；3. 原判决认定基本事实不清的，裁定撤销原判决，发回原审人民法院重审，或者查清事实后改判；4. 原判决遗漏当事人或者违法缺席判决等严重违反法定程序的，裁定撤销原判决，发回原审人民法院重审。二审法院的判决、裁定，是终审的判决、裁定。

当事人对已经发生法律效力的判决、裁定，认为有错误的，可以向上一级法院申请再审。

三、诉讼中的调解

当事人起诉到法院的民事纠纷，适宜调解的，先行根据当事人自愿的原则，在事实清楚的基础上，分清是非，进行调解。在法庭辩论终结后，判决前能够调解的，还可以进行调解，调解不成的，应当及时判决。经调解，达成调解协议的，法院应当制作调解书。

第二审法院审理上诉案件，可以进行调解。调解达成协议，应当制作调解书。调解书送达后，原审法院的判决即视为撤销。

四、诉讼时效、除斥期间及其在期货纠纷中的作用

在处理投资者与期货公司纠纷的过程中，诉讼时效和除斥期间是非常重要的两个概念，直接关系着投资者权利的保护与救济。下面，结合《民法通则》、《合同法》及相关司法解释的规定，对诉讼时效、除斥期间进行介绍。

（一）诉讼时效

1. 诉讼时效的基本内容

除法律另有规定外，向法院请求保护民事权利的诉讼时效期间为2年，诉讼时效期间从知道或者应当知道权利被侵害时起计算。因违反合同请求保护的诉讼时效，有履行期限的，从履行期限届满

之日起计算；没有履行期限的，从权利人主张权利而义务人拒绝履行义务之日起计算。因侵权行为请求保护的诉讼时效，侵权行为是持续发生的，诉讼时效从侵权行为实施终了之日起计算。超过诉讼时效期间，债权人（权利人）的胜诉权消灭，即债权人向法院起诉债务人，一旦债务人主张诉讼时效已过，则法院将驳回债权人诉讼请求。但是如果债务人自愿履行债务，不受诉讼时效限制，债权人可以接受，履行后债务人不能以诉讼时效已过要求债权人返还。

2. 诉讼时效的中止和中断

按照法律规定，诉讼时效存在中止、中断的情形。在中止方面，在诉讼时效期间的最后6个月内，因不可抗力或者其他障碍不能行使请求权的，诉讼时效中止，从中止时效的原因消除之日起，诉讼时效期间继续计算。

在中断方面，诉讼时效因提起诉讼、当事人一方提出要求或者同意履行义务而中断，从中断时起，诉讼时效期间重新计算。诉讼时效因权利人主张权利或者义务人同意履行义务而中断后，权利人在新的诉讼时效期间内，再次主张权利或者义务人再次同意履行义务的，可以认定为诉讼时效再次中断。权利人向人民调解委员会以及其他依法有权解决民事纠纷的国家机关、事业单位、社会团体等社会组织提出保护民事权利的请求，从提出请求时起，诉讼时效中断。经调处达不成协议的，诉讼时效期间即重新起算；如调处达成协议，义务人未按协议所定期限履行义务的，诉讼时效期间应从期限届满时重新起算。

（二）除斥期间

除斥期间是指法律规定或当事人依法确定的某种民事实体权利存在的期间。权利人在此期间内不行使相应的民事权利，则在该法定期间届满时导致该民事权利的消灭。

与诉讼时效相比，除斥期间有三点不同。

1. 期间性质不同。除斥期间规定权利存续的固定时间，属于不变期间，除法律有特殊规定外，不能中止、中断和延长，且期间较短。

2. 期间计算不同。除斥期间是对不同的形成权设置的时间限制，法律上一般只针对具体情况分别规定除斥期间的起算点，不做统一的总括性规定。而诉讼时效适用于请求权，由于请求权的范围十分广泛且具有共同特征，法律上往往作出了总括性的规定。

3. 法律效力不同。除斥期间届满，实体权利本身消灭。而诉讼时效经过，实体权利本身并不因此而消灭。

（三）诉讼时效、除斥期间在期货纠纷中的作用

1. 诉讼时效

在合同履行过程中，投资者如果认为期货公司存在违约行为或者侵权行为，比如错误强行平仓、擅自交易等，应当及时向期货公司、法院、仲裁机构等主张权利、提起诉讼或申请仲裁。否则，如果怠于行使自身权利，一旦诉讼时效经过，则相关权利不能得到法律保护。

2. 除斥期间

由于期货交易采用当日无负债结算制度，为了保障交易顺利进行，《期货经纪合同》约定，投资者有义务随时关注自己的交易结果并妥善处理持仓，如果因某种原因无法收到或者没有收到当日交易结算报告，应于下一个交易日开市前向期货公司提出，否则，视同收到当日交易结算报告。投资者在交易日开市前未对前日交易结算报告提出异议的，视为对交易结算报告记载事项的确认，这些事项包括交易、持仓、出入金、手续费支出等。该项约定即属于有关除斥期间的约定。

第十九章　争议解决中的注意事项

在处理纠纷时，个人投资者相对于期货公司处于较为弱势的地位，不仅无法像期货公司一样投入大量的人力、物力以解决纠纷，而且对于争议的事实也难以接触和掌握到更多有利的证据和信息。因此，如何采取恰当的手段，充分调动有限的资源，在纠纷解决过程中最大限度地争取和保护自身的合法权益，是个人投资者应当高度重视的问题。投资者在解决与期货公司的争议时应当注意以下内容。

 ## 一、从容应对纠纷的五点建议

现代社会中，法律深刻影响着人们生活的各个方面，在纠纷解决中更是如此。如果投资者能够事先熟悉相关法律，清楚自身的权利和义务所在，知晓期货公司究竟从事何种性质的违法违规行为，侵犯了自身的何种权益，那么在和解、调解、仲裁、诉讼的过程中，就能够做到依法主张、据理力争，充分保障自身的权益。投资者不妨从以下几点着手，从容应对纠纷：

（一）做好纠纷的事前防范

投资者与期货公司之间的纠纷，部分是由于投资者自身过于疏忽，法律意识淡薄导致的。因此，在进行入市准备、签订合同、开展交易等环节中，投资者应当尽量做到谨慎细心，避免为以后带来不必要的麻烦，比如，切勿参与不合法交易，获取不当利益；在订立合同时仔细阅读期货公司提供的格式合同，对约定不清楚或认为不公平的合同条款应当及时指出，必要时可以求助相关专业人士或相关部门，防止因匆忙签署而受到不利条款的约束；同时，在进行交易过程中，更要注意及时查看和妥善保管账户信息，降低产生纠纷的潜在可能。

（二）平时做好证据的收集与保存

证据是否真实充足决定着能否最终胜诉。当前，投资者在争议解决中经常面临着举证困难，导致自身权益难以得到有效维护。如果投资者能够在平时注意收集保存各种交易单据，如委托协议、交易结算报告等，特别是注重将期货公司及其工作人员一些"美丽"的口头承诺用书面协议的形式固定下来，签字盖章，将来即使发生纠纷，也会大大增加顺利解决纠纷的胜算。

在期货交易中，投资者在平时应当多注意收集和保存书证、物证、电子数据、视听资料等，例如双方签署的合同文件、交易结算报告、通话记录、期货公司及其工作人员的口头或书面承诺、交易数据等。

这里需要提示投资者的是，证据要求具有客观性、关联性和合法性。投资者收集和使用证据时要认真核实取舍，分析判断证据的证据能力和证明力，确定能够证明自己主张的事实；同时要形成证据链，做到环环相扣，避免分散重复；另外，不要在收集和保存证据时作假，如伪造毁灭证据，或胁迫贿买证人作证。

（三）在纠纷发生后要先理清事实，分清责任

实践中，有的投资者在纠纷发生后，不先查找研究法律规定和合同约定，不理清纠纷的来龙去脉，确定双方是非对错，直接向期

货公司主张索赔或向中国证监会、中国期货业协会等投诉，在沟通中才认识到是自己未完全弄清事实，未充分理解期货交易机制，责任在于自己，对方并无过错，从而给自己、对方、受理部门增添麻烦和不便。对于这种情况，其实完全可以避免。投资者在接受期货公司服务过程中，相关法律法规的规定和合同的约定是确定双方权利义务的依据，也是判断双方过错和责任的标准。投资者对此应当有清楚地了解，或者在纠纷发生后进行必要的查阅。至于相关事实，更是投资者需要了解的最基本内容，例如，投资者往往忽视期货公司网站公告的内容，在发生争议后，经提示才去查找了解，对于这类事实，投资者应当在接受服务的过程中及时关注，从而避免发生不必要的纠纷。

（四）了解民事责任的确定方法

在纠纷发生后，投资者都非常关心能够获得赔偿的数额，有少数投资者漫天要价，提出的赔偿数额不切实际，最终得不到支持和满足。因此，了解期货交易中民事责任的确定方法，对于投资者来说就显得非常重要。对此，投资者可以查阅《最高人民法院关于审理期货纠纷案件若干问题的规定》、自身签署的《期货经纪合同》，进行了解。

（五）在必要的情况下选择合适的律师

解决期货纠纷往往需要同时了解期货和法律两个方面的专业知识。一般情况下，投资者难以满足这两方面的要求。相比较而言，从事期货业务的专业律师在解决期货纠纷的问题上更加具有优势。所以，投资者在必要时需要委托律师，更好地维护自己合法权益。

另外，在发生纠纷后，投资者还要保持冷静，用理智的心态看待争议，不宜太过偏激，情绪化的解决问题方式并非解决争议的最优方案。

如果能够做到以上这些建议，投资者不仅可以尽量避免纠纷，而且即便在纠纷发生后，也很可能只需通过和解或调解方式便能解决问题，避免最终进入相对复杂的仲裁或诉讼程序。因为只要投资者坚持合法合理的主张，拥有充足确实的证据，期货公司也会明白即使通过仲裁或者诉讼，最终也无法推卸责任。

二、合理选择解决纠纷的方式

（一）和解、调解、仲裁、诉讼的比较与选择

和解、调解、仲裁、诉讼四种纠纷解决方式各有优缺，投资者可以视自身需要进行选择。

一般来说，建议投资者首选和解。因为当纠纷发生后，双方当事人进行协商是最简便、最直接的争议解决方式，不需要第三方介入，实践中很多争议只是源于误解或涉及金额不大，双方经过充分沟通，消除误解，取得一致，争议随即解决。和解对双方当事人都是不错的选择。

当协商不成，无法和解的情况下，投资者可以考虑向中国证监会及其派出机构、中国期货业协会、期货交易所等提出申请，由这些机构居中调解，在调解中发挥其权威性高、专业性强的优势，促成双方解决纠纷。

若经过调解仍不能解决纠纷的，双方当事人可以将纠纷提交仲裁机构或法院裁判。法院审判程序最为严格，所需要花费的时间也更长。

上述排列的顺序是从经济快捷的角度，为投资者提供的建议。实际上，这四种纠纷解决方式没有先后顺序，投资者可以任意进行

选择，不经过和解或者调解，直接提起仲裁或者诉讼也是可以的。

（二）其他能够促进纠纷解决的方式

解决纠纷的过程实质就是投资者与期货公司之间的博弈过程。面对纠纷，投资者还可以考虑通过其他正当渠道促进解决，维护自身的合法权益。比如，投资者对于期货公司的违法违规行为，可以向中国证监会及其派出机构、中国期货业协会、期货交易所等部门投诉；根据违法违规行为的性质，向公安机关或检察机关等部门举报；在事实清晰、证据完备的情况下，借助新闻媒体的力量，寻求社会舆论的支持。这些方式既能够协助相关部门更好地监管期货市场，也有利于尽快查清争议的事实，同时还能为尽快解决纠纷创造积极有利的条件，从而维护投资者的合法权益。

维权组织篇

第二十章　期货市场投资者保护的组织体系

 一、期货市场投资者保护体系简介

2013 年 12 月，国务院办公厅发布了《关于进一步加强资本市场中小投资者合法权益保护工作的意见》，其中第九条提出"构建综合保护体系。加快形成法律保护、监管保护、自律保护、市场保护、自我保护的综合保护体系，实现中小投资者保护工作常态化、规范化和制度化"。

该"五位一体"综合保护体系是一个有机整体，内部各保护维度之间相互作用，相互配合，各司其职，共同完成对投资者的保护。投资者有必要了解该体系的基本内容，以更好地保护自身合法权益。

（一）法律保护

以中小投资者需求和权益保护为导向，通过制定《期货法》及相关法规，制定上述投资者保护《意见》配套专项规章规则等，构建包含法律、行政法规、司法解释、部门规章等不同层面法律规则的投资者保护规则体系。

（二）监管保护

中国证监会通过完善政策措施，实现中小投资者保护工作常态化、规范化和制度化。建立中小投资者权益保障检查制度与评估评价体系。财政、税收、期货监管部门完善交易的相关税费制度，优化投资环境。有关部门完善数据采集发布工作机制，加强沟通协调与信息共享，形成投资者权益保护的综合协调沟通机制。

（三）自律保护

通过中国期货业协会、各期货交易所等自律组织发挥贴近市场的作用，结合各自职责和优势，为投资者保护提供专业的资源支持和公益服务。

（四）市场保护

期货公司等市场经营服务主体是投资者保护的市场主体力量，支持市场经营主体履行法定义务，要求充分发挥证券期货专业律师的作用。

（五）自我保护

投资者接受期货投资者教育，树立风险意识、理性意识和维权意识，提高自我保护能力，监督市场主体行为，主动发现和举报违规现象，也是重要的保障。

 二、中国证监会

中国证监会依照法律、法规和国务院授权，统一监督管理全国证券期货市场，维护证券期货市场秩序，保障其合法运行，自成立以来一直重视投资者保护工作。投资者保护工作具体由中国证监会不同的内设部门分工协作，共同完成。目前，承担期货投资者保护工作的部门主要有：证券基金机构监管部、期货监管部、投资者保护局、打击非法证券期货活动局等。同时，中国证监会在省、自治区、直辖市和计划单列市设立 36 个证监局，作为其派出机构行使一线监管职责。这些证监局也承担着大量期货投资者保护工作。

为了加强与投资者联系，做好投资者保护工作，中国证监会在网站上开通了主席信箱、公布了信访电话、设立了举报专栏，接受投资者的咨询、投诉。同时，各证监局也在中国证监会网站上开辟专栏，公开办公地址和投诉电话等，方便投资者反映情况。

（一）承担期货投资者保护工作的四个部门

在这里，需要介绍中国证监会内部开展期货投资者保护工作的四个部门，分别是：投资者保护局、证券基金机构监管部、期货监管部、打击非法证券期货活动局。

1. 投资者保护局

为了加强投资者保护工作，2011 年底，中国证监会专门成立投资者保护局。该局职责包括负责投资者保护工作的统筹规划、组织指导、监督检查、考核评估；推动建立健全投资者保护相关法规政策体系；统筹协调各方力量，推动完善投资者保护的体制机制建设；督导促进派出机构、交易所、协会以及市场各经营主体在风险揭示、教育服务、咨询建议、投诉举报等方面提高服务投资者的水平；推动投资者受侵害权益的依法救济；组织和参与监管机构间投资者保护的国内国际交流与合作。

2. 证券基金机构监管部

证券基金机构监管部是中国证监会 2014 年内设机构和职能调整后新成立的部门。职责是：拟订证券、期货、基金各类业务牌照管理及持牌机构监管的规则、实施细则；依法审核证券、基金、期货各类业务牌照资格及人员资格，并监管其业务活动；拟订公募基金的监管规则、实施细则；依法审核公募基金募集注册申请；拟订合格境外机构投资者的规则、实施细则；依法审核合格境外机构投资者资格并监管其业务活动；依法审核境外机构在境内设立从事证券、基金、期货经营业务的机构并监管其业务活动；牵头负责证券、基金、期货机构出现重大问题及风险处置的相关工作；拟订及组织实施证券、基金、期货行业投资者保护的规则、实施细则；指导相关行业协会开展自律管理等。

开展投资者保护工作是其重要职责之一。

3. 期货监管部

期货监管部也是中国证监会 2014 年内设机构和职能调整后新成立的部门。职责是：拟订监管期货市场的规则、实施细则；依法审核期货交易所、期货结算机构的设立，并审核其章程和业务规则；审核上市期货、期权产品及合约规则；监管市场相关参与者的交易、结算、交割等业务活动；监管期货市场的交易行为；负责商品及金融场外衍生品市场的规则制定、登记报告和监测监管；负责期货市场功能发挥评估及对外开放等工作；牵头负责期货市场出现重大问题及风险处置的相关工作等。

期货监管部在履行上述职责过程中，按照中国证监会的统一安排部署，开展期货投资者保护工作。

4. 打击非法证券期货活动局

2014 年，中国证监会成立了打击非法证券期货活动局，承担打击非法证券期货活动的有关工作，负责对非法证券期货经营咨询活动等的认定、查处；承担清理整顿各类交易场所的有关工作。

（二）12386 热线

为了拓宽投资者诉求处理渠道，向广大投资者提供更为便捷有效的服务，2013 年 9 月，中国证监会在信访途径之外开通了"12386"中国证监会热线，受理证券期货市场投资者投诉、咨询、建议等，具体包括：

1. 投资者在购买产品、接受服务或投资活动中，与证券期货市场经营主体及其从业人员发生争议的，可以提起投诉；

2. 对证券期货监管工作或者政策提出建议和意见；

3. 对证券期货相关法律制度或者监管工作政策等提出咨询。

投资者可以在每周一至周五（法定节假日除外）的上午 9:00 ~ 11:30，下午 13:00 ~ 16:30 拨打热线电话。该热线电话现已成为投资者向证监会进行咨询、投诉，提出建议的重要渠道。以 2014 年 7 月、8 月为例，热线电话共接收、处理投资者诉求 5 872 件，其中建议类 1 643 件，占比 27.98%；咨询类 2 967 件，占比 50.53%；投诉类 1 262 件，占比 21.49%。

（三）中国证监会及其派出机构投诉电话列表

为了便于投资者向监管部门投诉反映问题，保护自身合法权益，下面收集了中国证监会及其派出机构投诉电话，供投资者了解、使用。

表2　　　　　　　　　中国证监会及其派出机构投诉电话

序号	单位	投诉电话
1	中国证监会	010 – 66210166 010 – 66210182
2	中国证监会北京监管局	010 – 88088086
3	中国证监会天津监管局	022 – 23136873
4	中国证监会河北监管局	0311 – 83630191
5	中国证监会山西监管局	0351 – 7218583
6	中国证监会内蒙古监管局	0471 – 4688613
7	中国证监会辽宁监管局	024 – 22899980
8	中国证监会吉林监管局	0431 – 85097933 0431 – 85097679
9	中国证监会黑龙江监管局	0451 – 82357020
10	中国证监会上海监管局	021 – 50121047

续表

序号	单位	投诉电话
11	中国证监会江苏监管局	025 – 84575515
12	中国证监会浙江监管局	0571 – 88473333
13	中国证监会安徽监管局	0551 – 62840674
14	中国证监会福建监管局	0591 – 87828160
15	中国证监会江西监管局	0791 – 87601133
16	中国证监会山东监管局	0531 – 86106973
17	中国证监会河南监管局	0371 – 69337560
18	中国证监会湖北监管局	027 – 87460061
19	中国证监会湖南监管局	0731 – 82194270
20	中国证监会广东监管局	020 – 37853900
21	中国证监会广西监管局	0771 – 5555736
22	中国证监会海南监管局	0898 – 66515262
23	中国证监会重庆监管局	023 – 89031960
24	中国证监会四川监管局	028 – 85541337
25	中国证监会贵州监管局	0851 – 6904175
26	中国证监会云南监管局	0871 – 5135126
27	中国证监会西藏监管局	0891 – 6873078
28	中国证监会陕西监管局	029 – 88361759
29	中国证监会甘肃监管局	0931 – 8475060
30	中国证监会青海监管局	0971 – 8251479
31	中国证监会宁夏监管局	0951 – 6025924
32	中国证监会新疆监管局	0991 – 2831732
33	中国证监会深圳监管局	0755 – 83263315
34	中国证监会大连监管局	0411 – 88008567
35	中国证监会宁波监管局	0574 – 87325122
36	中国证监会厦门监管局	0592 – 5165635
37	中国证监会青岛监管局	0532 – 85798529 85798509

注：以上内容于 2014 年 10 月 8 日摘自中国证监会网站。

三、中国期货业协会

根据《社会团体登记管理条例》和《期货交易管理条例》规定，中国期货业协会是全国期货业自律性组织，是非营利性的社会团体法人，会员包括期货公司、从事期货业务或相关活动的机构、期货交易所等，按照《期货交易管理条例》规定，"受理客户与期货业务有关的投诉，对会员之间、会员与客户之间发生的纠纷进行调解"。在具体工作中，中国期货业协会通过电话、网上平台、来访等多种形式接受投资者咨询，受理对会员、从业人员的投诉；同时建立行业纠纷调解机制，包括制定调解规则、成立调解委员会、聘请调解员，为投资者解决与期货业务有关的纠纷。

另外，作为投资者保护工作的延伸，中国期货业协会持续开展投资者教育工作，制作出版了各类出版物，开辟网上投教园地，引导和推动行业提高投资者教育水平；同时，依据法律法规和自律规则，不断加强对会员和从业人员的自律管理，规范其经营和执业水平，预防和减少侵害投资者权益的行为。

四、期货交易所

期货交易所是为期货交易提供场所、设施、相关服务和交易规则的机构。在我国，期货交易所是不以营利为目的，履行法定职责，按照章程和交易规则实行自律管理的法人。

在现代市场经济条件下，期货交易所已成为具有高度系统性和严密性、高度组织化和规范化的交易服务组织，致力于创造安全、有序、高效的市场机制，营造公开、公平、公正和诚信透明的市场环境，维护投资者的合法权益。按照《期货交易管理条例》第十条规定："期货交易所履行下列职责：（一）提供交易的场所、设施和服务；（二）设计合约，安排合约上市；（三）组织并监督交易、结算和交割；（四）为期货交易提供集中履约担保；（五）按照章程和交易规则对会员进行监督管理；（六）国务院期货监督管理机构规定的其他职责。"

同时，我国期货交易所也在中国证监会的监督管理下，承担着大量的投资者教育和服务工作。

五、中国期货保证金监控中心有限责任公司

中国期货保证金监控中心有限责任公司通常被称为中国期货保证金监控中心，是经国务院同意，中国证监会决定设立，于 2006 年 3 月成立的非营利性公司制法人。其股东单位有上海期货交易所、中国金融期货交易所、郑州商品交易所以及大连商品交易所，注册资本 13.65 亿元。中国期货保证金监控中心的业务接受中国证监会的指导、监督和管理。现有主要职能是：1. 期货市场统一开户；2. 期货保证金安全监控；3. 为期货投资者提供交易结算信息查询；4. 期货市场运行监测监控和分析研究；5. 为监管机构和期货交易所等提供信息服务；6. 代管期货投资者保障基金；7. 商品及其他指数的编制、发布；8. 期货市场投资者调查。

对于投资者来说，中国期货保证金监控中心较好地保障了资金和交易安全，一方面，投资者可以通过中国期货保证金监控中心的

网站（www.cfmmc.com 或 www.cfmmc.cn）查询期货公司公告的期货保证金账户，保障资金安全；另一方面，投资者还可以登录其网站，接收期货公司发出的交易结算报告、追加保证金通知等文件，确保交易顺利进行。另外，中国期货保证金监控中心还承担着期货市场统一开户的职责，期货公司为客户申请、注销各期货交易所交易编码，以及修改与交易编码相关的客户资料，都需要通过中国期货保证金监控中心办理。

此外，中国期货保证金监控中心在已有的期货投资者查询系统基础上，开发建成了期货市场投资者调查平台。该平台对期货及衍生品市场各类问题开展常态化调查，广泛收集投资者意见，可为监管机构决策提供参考。

六、期货投资者保障基金

2007 年 4 月，中国证监会和财政部联合发布了《期货投资者保障基金管理暂行办法》，标志着中国期货投资者保障基金（以下简称保障基金）正式建立。保障基金是在期货公司严重违法违规或者风险控制不力等导致保证金出现缺口，可能严重危及社会稳定和期货市场安全时，补偿投资者保证金损失的专项基金。

按照中国证监会、财政部共同指定，保障基金由中国期货保证金监控中心代管。保障基金遵循"取之于市场，用之于市场"的原则，从期货交易所风险准备金提取启动资金，在运行过程中，从期货交易所、期货公司的手续费收入中提取。截至 2013 年底，已累计筹集保障基金 35.49 亿元，累计余额 33.73 亿元。

保障基金只是一种救助基金，而非责任赔偿，实行比例补偿投资者无辜损失的原则，在使用方面有着严格的规定。只有在期货公司因严重违法违规或风险控制不力等导致保证金出现缺口，可能严重危及社会稳定和期货市场安全时，中国证监会才能启动保障基金使用决策程序，经过严格的审议和评估后，决定是否使用保障基金。而且，对投资者参与非法期货交易和在正常期货投资活动中形成的损失，保障基金不予补偿；对投资者无辜的保证金损失，也要按程序经严格甄别确认后，才能分段按比例补偿。

运用保障基金补偿投资者已有先例。中国证监会在对四川嘉陵期货经纪有限责任公司、黑龙江北亚期货经纪有限公司两家公司进行风险处置过程中，使用保障基金对部分机构和自然人投资者进行了补偿，切实保护了投资者权益。

七、期货经营机构

目前，我国期货经营机构主要是期货公司。作为市场经营服务主体，期货公司是投资者保护的市场主体力量。这些主体的归位尽责，是保护投资者合法权益的重要基础。

与中国证监会、中国期货业协会等机构相比，期货公司在投资者保护中较为特殊。

一是为了执行监管要求和自律要求，履行合同义务，开发并维护客户以壮大自身实力，期货公司需要保护投资者合法权益；

二是期货公司及其工作人员的违法违规或不规范、不诚信的行为又是侵害投资者合法权益最常见的原因；

三是期货公司是期货市场中联系广大投资者、与投资者关系最为密切的主体。

因此，期货公司在开展投资者保护工作时，需要做好现有的投资者保护工作，同时减少自身违法违规或不诚信行为。具体来说，就是期货公司要在经营中切实执行中国证监会、证监局的各项监管要求，认真遵守中国期货业协会、期货交易所的自律规则，不能敷衍，不能草草应付，认真履行合同的各项约定，特别是有关投资者保护的相关内容，维护投资者的正当权益，将投资者保护融入到各项工作中，同时，不断健全内部组织机构和工作机制，加强内部控制和管理，不断预防、减少侵害投资者合法权益的行为。

政策法律篇

第二十一章　期货市场投资者保护的政策法律

当前，期货市场在平稳较快发展的同时，市场法规体系逐步建立并不断完善，已经基本形成了以《期货交易管理条例》为核心，以中国证监会部门规章、规范性文件为主体，以期货交易所、中国期货业协会的若干自律规则为补充，符合中国实际情况的期货市场法规制度体系。

一、法律及司法解释

（一）法律

当前，《期货法》相关立法工作正在稳步推进。实践中，对期货市场进行调整和规范的法律主要有：一是民商事法律，包括《民法通则》、《合同法》、《公司法》等；二是行政法律，包括《行政许可法》、《行政处罚法》、《行政复议法》、《行政诉讼法》等；三是刑事法律，主要是相关各《刑法》修正案等。其中，与投资者关系最为密切的是民商事法律，特别是《合同法》、《民法通则》。

另外，2013 年修订后的《消费者权益保护法》将金融消费者列为保护的对象。其中，第二十八条规定，"提供证券、保险、银行等金融服务的经营者，应当向消费者提供经营地址、联系方式、商品或者服务的数量和质量、价款或者费用、履行期限和方式、安全注意事项和风险警示、售后服务、民事责任等信息。"投资者合法权益受到侵害时，也可以依据该法维护自身权益。

（二）司法解释

由于期货交易的特殊性，期货民事纠纷处理难度较大。2003年6月，最高人民法院发布了《关于审理期货纠纷案件若干问题的规定》，对期货案件管辖、承担责任的主体、无效合同责任、交易行为责任、透支交易责任、强行平仓责任、实物交割责任、保证合约履行责任、侵权行为责任、举证责任、执行和保全等内容进行了比较全面的规定。该司法解释成为处理投资者和期货公司纠纷的最重要依据之一。

2011年1月，最高人民法院发布了《关于审理期货纠纷案件若干问题的规定（二）》，对此前一司法解释进行了补充和完善，对期货交易所履行职责案件的指定管辖、新的分级结算制度和有价证券冲抵保证金制度下保证金诉讼保全和执行、新型结算财产结算担保金的特殊司法保护制度进行了明确规定。

鉴于最高人民法院的司法解释，特别是第一个司法解释对投资者权利保护的重要作用，为了维护自身权益，投资者应当在参与期货交易前、交易中对其进行充分了解。

 二、行政法规

当前，我国期货市场效力层级最高的法律法规是国务院制定的《期货交易管理条例》（以下简称《条例》）。该《条例》经历了一个不断完善的过程。1999 年 6 月，国务院发布《期货交易管理暂行条例》。2007 年 12 月，国务院在对该暂行条例进行修改的基础上，出台《期货交易管理条例》（以下简称《条例》）。2012 年，国务院根据期货市场发展的新的形势，对 2007 年《条例》进行了修订。

现行《条例》共八章八十七条，内容涵盖期货交易所、期货公司、期货交易基本规则、期货业协会、监督管理、法律责任等。《条例》全文主要贯彻了以下几项原则：保护投资者合法权益原则，公开、公平、公正原则，诚实守信原则，风险控制原则，合法性原则，加强监管原则，特别是前三项原则对于投资者权益保护具有更加重要的意义。

 ## 三、部门规章及规范性文件

期货规章是中国证监会为履行其期货市场监督管理职责，根据法律、行政法规和国务院授权制定并以中国证监会令的形式公布的规定、办法、规则等。为了贯彻《期货交易管理条例》规定的原则和各种制度，使其更加具有操作性，中国证监会先后制定了以下主要部门规章：《期货投资者保障基金管理暂行办法》、《期货交易所管理办法》、《期货公司董事、监事和高级管理人员任职资格管理办法》、《期货从业人员管理办法》、《期货公司期货投资咨询业务试行办法》、《期货公司资产管理业务试点办法》、《期货公司监督管理办法》等。

为了对期货市场实施有效的监督管理，落实和执行《期货交易管理条例》及配套规章的具体规定，中国证监会还制定了大量的规范性文件，包括：《证券公司为期货公司提供中间介绍业务试行办法》、《期货市场客户开户管理规定》、《关于建立金融期货投资者适当性制度的规定》、《关于开展期货市场账户规范工作的规定》等。

四、期货市场运行管理规章制度和行业自律管理规章制度

（一）期货市场运行管理规章制度

法律、司法解释、行政法规、行政规章等是期货市场规则体系的主要组成部分。作为市场自律管理部门的期货交易所制定的规则也是期货市场运行不可或缺的重要规则。

期货交易所经中国证监会批准，依照《期货交易管理条例》、《期货交易所管理办法》及其章程等自律规则实施自律管理。期货交易所制定的规则包括章程、交易规则，会员管理办法，交易、结算、交割细则，风险控制办法，违规处理办法，套期保值交易管理办法，标准仓单管理办法，交割仓库管理办法等实施细则。期货交易所制定的这些市场规则，期货公司及其他参与者都必须遵守。投资者委托期货公司参与期货交易的，也间接受到这些规则的规范。

（二）期货行业自律管理规章制度

期货行业自律管理规章制度是指中国期货业协会制定的自律性规则。近些年来，中国期货业协会根据期货法律法规，制定了许多行业行为准则、职业道德等自律性规则，截至2014年8月，总数已经达到36件，主要包括《中国期货业协会会员管理办法》、《中国期货业协会会员自律公约》、《期货从业人员执业行为准则》、《〈期货经纪合同〉指引》等。

五、不同规则的效力层级

法律及司法解释、行政法规、部门规章及规范性文件、期货市场运行管理规章制度、期货行业自律管理规章制度的效力层级不同，投资者不能等同视之。其中，法律、行政法规是法院在裁判期货案件中可以直接引用的依据；司法解释是最高人民法院指导下级法院司法审判的标准，也可以直接引用；部门规章和规范性文件在裁判期货案件中，根据审理案件的需要，经审查认定为合法有效的，可以作为裁判说理的依据；期货市场运行管理规章制度、期货行业自律管理规章制度不能成为裁判依据。

因此，投资者在与期货公司发生纠纷，寻找法律依据时，应当充分考虑前述不同规则的效力层级。

六、期货市场部分规则

表3　　　　　　　　　　期货市场部分规则列表

序号	名称	制定单位	效力层级
1	期货交易管理条例	国务院	行政法规
2	最高人民法院关于审理期货纠纷案件若干问题的规定	最高人民法院	司法解释
3	最高人民法院关于审理期货纠纷案件若干问题的规定（二）	最高人民法院	司法解释
4	期货交易所管理办法	中国证监会	行政规章
5	期货公司监督管理办法	中国证监会	行政规章

续表

序号	名称	制定单位	效力层级
6	期货从业人员管理办法	中国证监会	行政规章
7	期货公司期货投资咨询业务试行办法	中国证监会	行政规章
8	期货公司资产管理业务试点办法	中国证监会	行政规章
9	期货公司信息公示管理规定	中国证监会	规范性文件
10	期货公司分类监管规定	中国证监会	规范性文件
11	期货市场客户开户管理规定	中国证监会	规范性文件
12	证券公司为期货公司提供中间介绍业务试行办法	中国证监会	规范性文件

附录一 期货市场投资者情况（2013 年）

投资者在进行期货交易前，了解期货市场的投资者结构、特点、交易、盈亏等情况，对于明确自身定位、审慎入市、合理安排交易、有效控制风险等均具有重要意义。鉴于投资者一般难以了解全市场投资者情况，这里专门摘录了 2014 年中国证监会证券基金机构监管部、中国期货保证金监控中心编写的《期货市场投资者状况分析报告（2013 年度)》和《期货投资者专项调查分析报告（2013 年度)》的部分内容，供投资者参考①。

 ## 一、期货市场投资者总体情况

（一）全市场账户数量稳定增长，法人账户数量占全市场账户数量比例有所上升

截至 2013 年底，期货市场账户总数达到 246.52 万户，比 2012 年同期（212.32 万户）和 2011 年同期（179.34 万户）分别增长了 16.11% 和 37.46% 。

法人账户总数为 7.48 万户，同比 2012 年（5.83 万户）和 2011 年（4.85 万户）分别增长了 28.27% 和 54.07% 。自然人账户总数

---

① 两份报告使用了大量数据，因为数据来源不同，取数口径和统计口径存在差异，本书摘录内容中相关数值或有细微误差，未作修改。

为239.05万户，同比2012年（206.48万户）和2011年（174.49
万户）分别增长了15.77%和37%。

2013年法人账户占全市场账户的比例为3.03%，与2012年
（2.75%）和2011年（2.71%）相比有小幅提高。自然人账户占全
市场账户的比例为96.97%，与2012年（97.25%）和2011年
（97.29%）相比出现了小幅下降。

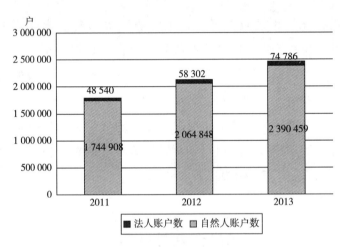

图1　投资者结构比较

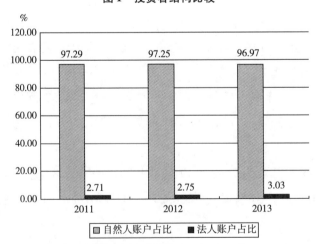

图2　投资者占比比较

（二）参与交易的账户数量较 2012 年有所增长，占全部账户的比例下降

2013 年参与交易的账户总数为 65.5 万户，同比 2012 年（60.25 万户）上升 8.7%，同比 2011 年（56.58 万户）上升 15.77%。参

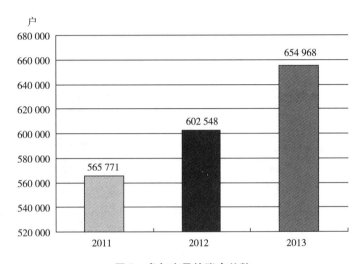

图 3　参与交易的账户总数

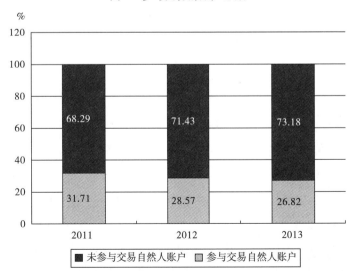

图 4　参与交易的自然人账户比例

与交易的法人账户共计 1.27 万户，同比 2012 年（1.26 万户）和
2011 年（1.24 万户）分别增长 0.67%和 2.51%。参与交易的自然
人账户共计 64.1 万户，同比 2012 年（58.99 万户）和 2011 年
（55.34 万户）分别增长 8.67%和 15.85%。

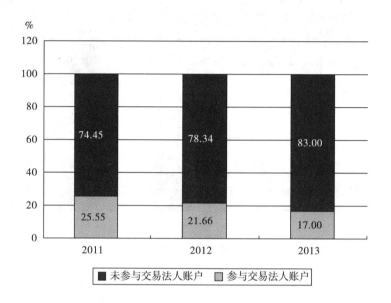

图 5　参与交易的法人账户比例

（三）全市场保证金总量较 2012 年增加 189.56 亿元

截至 2013 年底，全市场保证金总量 1 956.62 亿元，同比 2012
年（1 767.06 亿元）上升 10.73%，同比 2011 年（1 485.73 亿元）
增长 31.69%。其中，法人账户保证金 749.03 亿元，占比 38.28%，
参与交易的法人账户平均保证金为 548.46 万元；自然人账户保证金
1 207.6 亿元，占比 61.72%，参与交易的自然人账户平均保证金为
18.96 万元。

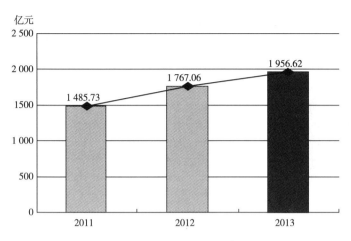

图 6　全市场保证金总量变化

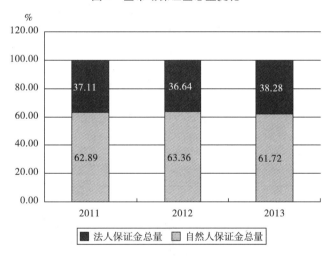

图 7　全市场保证金结构

（四）全市场中低权益账户数占比增加但活跃度降低，高权益账户交易量以及保证金量占比涨幅明显

2013 年全市场账户中，权益在 5 万元以下的低权益账户数量与保证金量占比和 2012 年相比有所上升，但是交易量和累计持仓量有所下降。权益在 20 万元到 50 万元的低权益账户交易量占比增幅也较为明显，仅次于 1 000 万元到 1 亿元的高权益账户。

另外，权益在1 000万元到1亿元之间的高权益账户活跃度显著提升，不论是保证金量占比还是交易量占比都有较大幅度的增

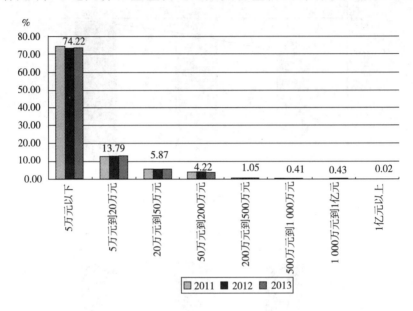

图8　全市场各权益账户数量占比

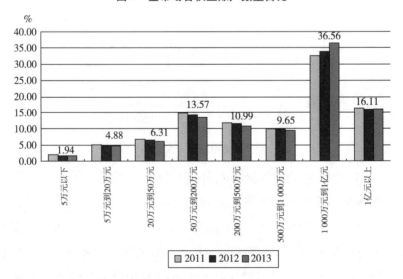

图9　全市场各权益账户保证金量占比

加。其他较为活跃的 50 万元到 200 万元的中低权益账户，各项占比较 2012 年都有所下降。

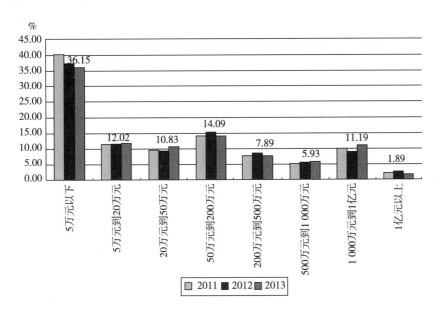

图 10　全市场各权益账户交易量占比

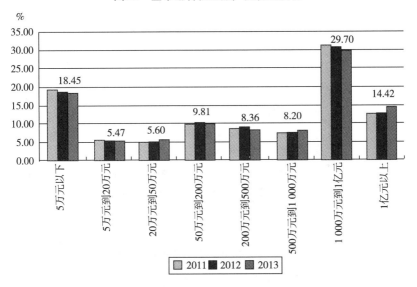

图 11　全市场各权益账户累计持仓量占比

　　从权益区间来看，全市场权益低于 5 万元的低权益账户数量占比最高，虽然总资金量占比极小，但交易量占比最高。1 000 万元到 1 亿元和 1 亿元以上的高权益账户数量占比极低，但资金量占比和累计持仓量占比均较高，而交易量占比不及低权益账户。

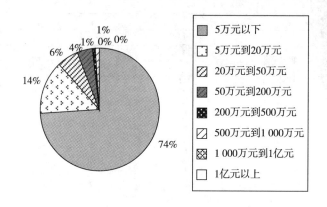

图 12　全市场各权益账户数量占比

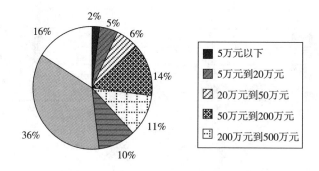

图 13　全市场各权益账户资金量占比

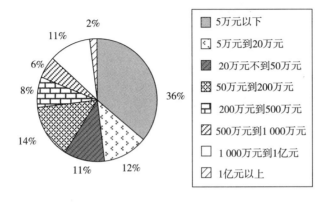

图14 全市场各权益账户交易量占比

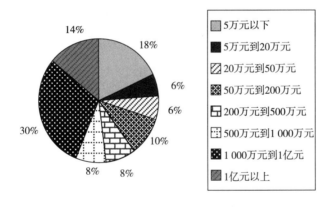

图15 全市场各权益账户累计持仓量占比

二、年度账户盈利亏损情况

从账户盈亏情况来看，2013年全市场参与交易的账户中亏损账户达到47.01万户，占全市场账户的71.39%，盈利账户为18.84万户，占全市场账户的28.61%。

具体来看，亏损和盈利在0~5万元的人数最多。亏损在0~5万元的账户数量为32.36万户，占全部亏损账户的68.83%，盈利在0~5万元的账户数量为13.84万户，占全部盈利账户的73.44%。

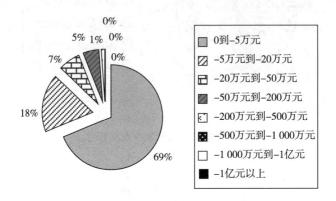

图16　整体账户亏损情况

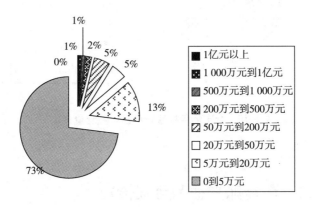

图17　整体账户盈利情况

2013年参与交易的自然人账户有71.77%发生亏损，28.23%盈利，亏损和盈利在0~5万元的账户最多。亏损在0~5万元的账户数量占全部亏损账户的 69. 55%，盈利在 0～5 万元的账户数量占全部盈利账户的 75. 16%。

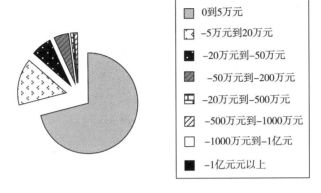

图 18　自然人账户亏损情况

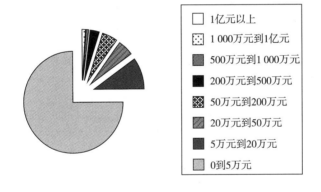

图 19　自然人账户盈利情况

2013 年参与交易的法人账户有 55.4% 发生亏损，44.6% 盈利，亏损和盈利在 0～5 万元的账户最多。亏损在 0～5 万元的账户数量占全部亏损账户的 25.59%，盈利在 0～5 万元的账户数量占全部盈利账户的 26.06%。另外，亏损在 5～200 万元的法人账户累计占比达到 54.66%，而盈利在 5～20 万元以及 50～200 万元的法人账户也相对较多。

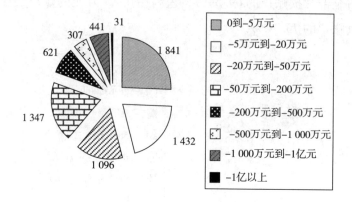

图20　法人账户亏损情况

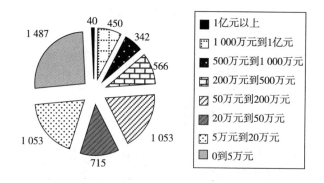

图21　法人账户盈利情况

三、个人投资者年龄、学历、收入情况

　　超过70%的个人投资者年龄在30岁至50岁之间，教育程度以本科及大中专为主，月收入在5 000元至1万元的个人投资者占比最高。

1. 在年龄方面，个人投资者年龄主要集中在 30 岁至 50 岁，其中年龄在 30 岁至 40 岁的个人投资者占比最高，为 40.7%；年龄在 40 岁至 50 岁的个人投资者占比为 33.7%。另有 12.8% 的个人投资者年龄在 30 岁以下；10.5% 的个人投资者年龄介于 50～60 岁；此外，还有 2.5% 的个人投资者年龄在 60 岁以上。

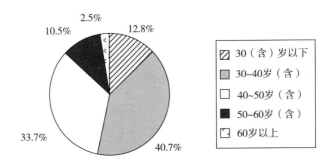

图22　个人投资者年龄分布

2. 在学历方面，个人投资者教育程度以本科和大中专为主，其中本科学历占比最高，为 47.7%；大中专学历次之，为 40.7%；另有 6.5% 的个人投资者学历为硕士，0.5% 的个人投资者为博士；此外，还有 4.6% 的个人投资者教育背景为其他（学历为高中及以下）。

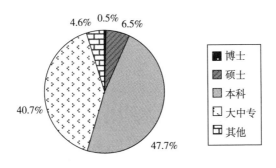

图23　个人投资者教育程度

3. 在月均收入方面，有41.5%的个人投资者月收入在5 000元至1万元，占比最高；另外有26.3%的个人投资者月收入在1万元至3万元；17.2%的个人投资者月收入在5 000元以下；还有15.0%的个人投资者月收入在3万元以上。

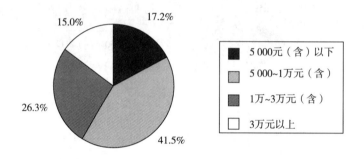

图24　个人投资者收入分析

 四、个人投资者对风险承受能力的自我评估情况

超过90%的个人投资者在投资期货市场时，对自身的风险承受能力进行过全面评估。个人投资者在投资期货市场时，是否对自身的风险承受能力进行全面评估与其个人投资产品配置中期货资产占比大小有一定的关系。

1. 92%的个人投资者在投资于期货市场时，主动根据自身的年龄、职业、财产与收入、投资知识与投资经验等因素对自身的风险承受能力进行过全面评估。只有8%的个人投资者在投资期货市场时没有对自身的风险承受能力进行过全面评估。

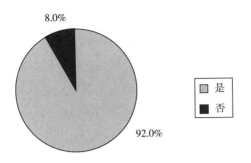

图25　个人投资者对自身风险承受能力的评估情况

2. 在投资期货市场时，期货资产比例不超过70%的个人投资者对自身的风险承受能力进行过全面评估的比例（93%、92.3%、91.1%、92.1%）明显高于期货资产比例超过70%的个人投资者（78.2%）。

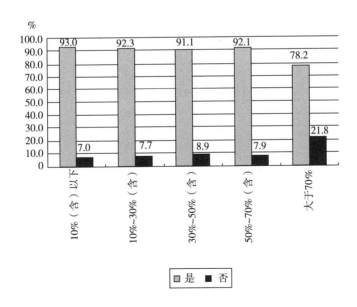

图26　期货资产占比不同的个人投资者对自身风险承受能力的评估情况

五、个人投资者投资期货的资产占比

超过40%的个人投资者的期货资产占其所有投资品种和工具的比例在10%到30%之间；相对而言，新入市的个人投资者期货资产在个人投资品种中的占比较低，而入市较早的个人投资者期货资产在个人投资品种中的占比较高。

1. 期货投资在各类投资工具（股票、基金、债券、期货、银行理财产品、黄金、收藏品、私募等）中的比例为10%～30%的个人投资者占比最高，达到43.7%；投资比例在10%以下的个人投资者占比次之，为33.4%；投资比例为30%～50%的个人投资者占比为16.7%，位列第三；3.8%的个人投资者期货投资比例为50%～70%；另有2.4%的个人投资者期货投资比例大于70%。

2. 2006年以前进入期货市场并且期货资产配置比例高于50%的个人投资者中比例明显高于2006—2012年入市的个人投资者。具体数据为，在2006年以前入市的个人投资者中，有8.9%的人的期

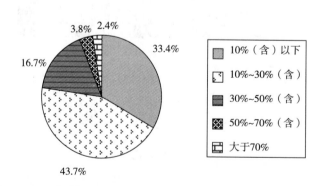

图27 个人投资者期货投资占各类投资总额比例情况

货资产占比高于 50% 以上；2006—2009 年的比例仅为 6.1%，2010—2012 年为 5%，2013 年的比例有所上升为 8.5%。

2013 年新进入期货市场的投资者将期货资产控制在 10% 以下的比例为 41.1%，比例高于 2013 年以前。

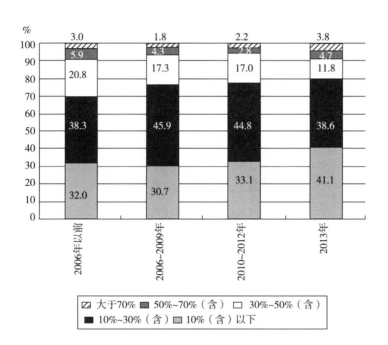

图 28 不同入市时间的个人投资者期货投资占各类投资总额比例情况

 六、新入市投资者的入市原因

股票市场的低迷是 2013 年新入市个人投资者参与期货市场最主要的原因。2013 年新入市个人期货投资者的入市原因中，有 49.2% 的个人投资者选择了"股票市场低迷"；有 45% 的个人投资者选择了期货品种不断增多，发展潜力大；另有 41.8% 和 37.1% 的个人投资者分别选择了"希望通过期货来完善结构性理财产品的资产配置"和"对期货和期货市场有独特的认识和看法，对自己的投资水平有信心"；还有 22.7% 的个人投资者选择了"通过期货对股票投资进行风险管理"这个原因；而 2.8% 的个人投资者则选择了其他因素。

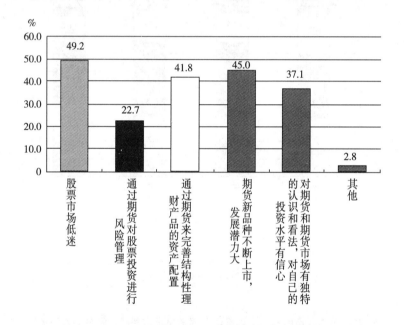

图29　个人投资者选择在 2013 年进入期货市场的原因统计

 七、个人投资者与法人投资者入市目的不同

在投资期货市场的目的方面，个人投资者和法人投资者存在着比较明显的区别，个人投资者以投机为主要动机，而法人投资者以套期保值为主要动机。个人投资者中，学历越高，投机性越低。

1. 在个人投资者中，有 74.6% 的个人投资者进行期货交易是出于投机目的，占绝大多数；相比之下，出于"结构性理财产品的资产配置"的目的参与期货投资的个人投资者占比 18%，出于套利操作目的参与期货市场的个人投资者占 6.9%。

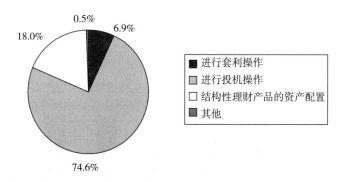

图 30 个人投资者参与期货交易的目的

2. 在法人投资者中，参与期货市场的主要目的是进行套期保值以规避风险的法人投资者占 69.2%，主要目的是利用期货市场指导生产经营的法人投资者占 32.5%，主要目的是进行套利获取收益的法人投资者占 31.5%，主要目的是结构性理财产品的资产配置和进

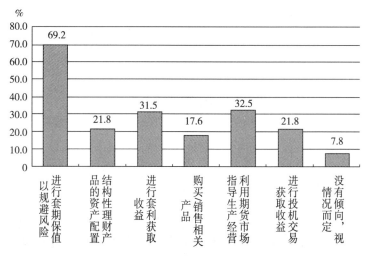

图 31 法人投资者参与期货交易的主要目的

行投机交易获取收益的法人投资者均占21.8%，为了购买/销售相关产品的法人投资者17.8%，而没有倾向视情况而定的法人投资者占7.8%。

3. 学历比较高的投资者，多以套利和结构型理财产品的资产配置为主要目的而参与期货市场；而学历比较低的投资者，多以投机为主要目的而参与期货交易。

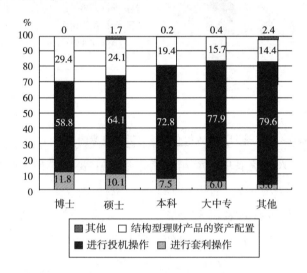

图32　不同学历的个人投资者参与期货交易的目的

八、投资者的交易频率

从交易频率来看，个人投资者的交易频率明显高于法人投资者。

1. 在个人投资者方面，每日交易来回10次以上的个人投资者占9.7%，每日交易来回5～10次的占14.7%，每日交易来回2～5次的占26.6%，完成一次买入卖出或是卖出买入交易的频率在1天以内的占19.1%，10.3%的个人投资者完成一次买入卖出或是卖出买入交易的频率在 2 天以内，19.7% 的个人投资者完成一次买入卖出或是卖出买入交易的频率在 3 天及以上。

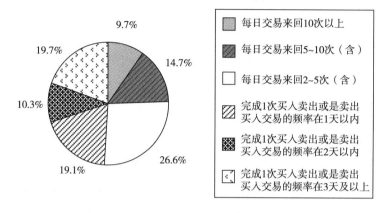

图33 个人投资者交易频率统计

2. 在法人投资者中，48.9% 的法人投资者完成一次买入卖出或卖出买入的周期在 3 天以上，14.8% 的法人投资者每日交易来回 2～5 次，12.5% 的法人投资者完成一次买入卖出或卖出买入的周期在 1 天以内，7.6% 被调查的法人投资者完成一次买入卖出或卖出买入的周期在 2 天以内，8.9% 的法人投资者者每日交易来回 5～10 次，也有少数法人投资者每日交易来回超过 10 次。

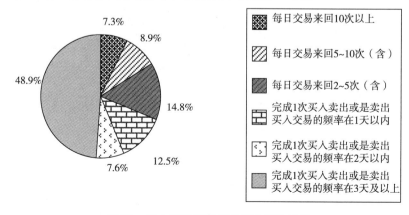

图34 法人投资者参与期货交易的频率

九、投资者盈亏情况分析

从过去一年期货投资者的盈亏情况看，30%以上的个人投资者和近40%以上的机构投资盈利在10%以上。个人投资者的盈亏情况和其入市时间有关，亏损比例较大的以新入市的投资者为主，而机构投资者的盈亏和企业性质有关。

1. 最近一年参与期货交易的个人投资者中，盈利100%以上的占1.3%，盈利80%~100%的占1.5%，盈利50%~80%的占5.5%，盈利10%~50%的占25.7%，不亏不盈的占27.4%，亏损10%~50%的占29.7%，亏损50%~80%的占7.4%，亏损80%~100%的占1.5%。从盈亏比例分布情况来看，基本呈正态分布，盈亏比例基本控制在-50%~50%；盈利10%以上的占个人投资者的34%。

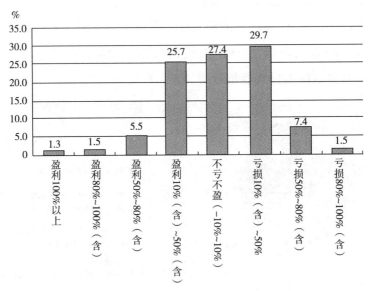

图35 个人投资者最近一年的盈利情况

2. 入市时间和个人投资者盈亏存在着一定的关系。2010 年以后入市的个人投资者中，亏损超过 10% 的投资者比例高于 2010 年以前入市的个人投资者；而盈利超过 10% 的比例则低于 2010 年以前入市的个人投资者。

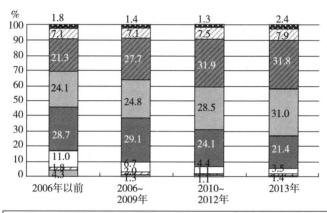

图 36　不同入市时间的个人投资者的盈利情况

 十、个人投资者的亏损承受能力分析

超过 60% 的个人投资者对期货投资最大亏损的承受区间在 30% 以下，亏损的承受能力和个人的月均收入存在着一定的关系，收入越高，风险承受能力越强。

1. 30.8% 的个人投资者能承受的最大亏损为 20% ～ 30%，25.5% 的个人投资者能承受 10% ～ 20% 的亏损，还有 9.1% 的个人投资者能承受的最大亏损在 10% 以下，以上三者合计达到了

65.4%。此外，22.4%的个人投资者能承受30%～50%的亏损，4.1%的个人投资者能接受亏损50%～80%，还有5%的个人投资者对于亏损不是很在意，哪怕全部赔光也能承受，另外还有3.2%的个人投资者没考虑过自己能承受的亏损限度。

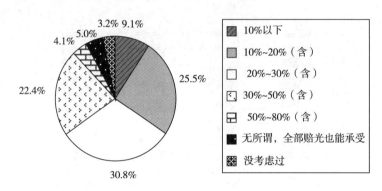

图37　个人投资者的亏损承受能力统计

2. 月收入在3万元以上的个人投资者风险承受能力高于月收入在3万元以下的个人投资者。

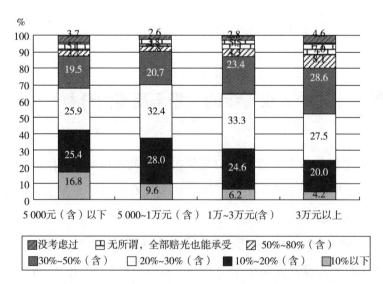

图38　不同收入的个人投资者的亏损承受能力

3. 40 岁至 50 岁的个人投资者承受 30% 以上亏损的比例（29.6%）比其他年龄段要高，这一比例在 40 岁以下越年轻越小，在 50 岁以上年纪越大越小。

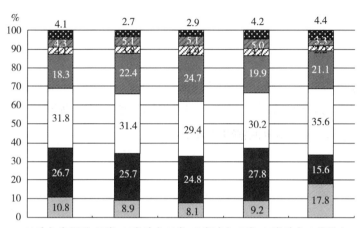

图 39 不同年龄段的个人投资者的亏损承受能力

附录二　争议解决中常用的格式文书

　　投资者在解决其与期货公司纠纷的过程中，需要用到相应的文书，如和解协议、调解申请书、仲裁申请书、起诉书等。下面选取了部分文书，以方便投资者查找和使用。

一、和解协议

　　当事人：＿＿＿＿＿＿＿＿＿＿＿＿＿＿＿＿＿＿＿＿＿＿

＿＿＿＿＿＿＿＿＿＿＿＿＿＿＿＿＿＿＿＿＿＿＿＿＿＿＿＿＿＿

（自然人应写明姓名、性别、年龄、民族、职业、单位或住址；法人及社会组织应写明名称、地址、法定代表人姓名和职务）

　　当事人：＿＿＿＿＿＿＿＿＿＿＿＿＿＿＿＿＿＿＿＿＿＿

＿＿＿＿＿＿＿＿＿＿＿＿＿＿＿＿＿＿＿＿＿＿＿＿＿＿＿＿＿＿

（自然人应写明姓名、性别、年龄、民族、职业、单位或住址；法人及社会组织应写明名称、地址、法定代表人姓名和职务）

　　纠纷简要情况：＿＿＿＿＿＿＿＿＿＿＿＿＿＿＿＿＿＿＿

＿＿＿＿＿＿＿＿＿＿＿＿＿＿＿＿＿＿＿＿＿＿＿＿＿＿＿＿＿＿

＿＿＿＿＿＿＿＿＿＿＿＿＿＿＿＿＿＿＿＿＿＿＿＿＿＿＿＿＿＿

　　经双方友好协商，达成以下和解内容：＿＿＿＿＿＿＿＿＿

_____

_____

履行协议的方式、地点、期限：_____

_____

_____

本协议一式____份，当事人各持一份。

当事人（签名或盖章）：　　　当事人（签名或盖章）：

_____　　　_____

_____年___月___日　　　　　_____年___月____日

二、调解申请书

当事人：_____

_____

（自然人应写明姓名、性别、年龄、民族、职业、单位或住址；法人及社会组织应写明名称、地址、法定代表人姓名和职务）

纠纷事实：_____

_____

_____

申请事项：_____

_____

_____

特申请＿＿＿＿＿＿＿＿（调解机构名称）予以调解。

申请人（签名或盖章）：＿＿＿＿＿

＿＿＿＿＿年＿＿＿月＿＿＿日

说明：

1. 调解申请书是当事人向调解机构提交的请求调解其纠纷的书面文件；

2. 当事人栏应当详细填写当事人的姓名、性别、年龄、民族、职业、单位或住址，当事人是法人或社会组织的，应当详细填写法人或社会组织的名称、地址、法定代表人姓名、职务；

3. 调解申请书既可以由申请人本人填写，也可由他人代写，由申请人签名后提交调解机构。

三、调解协议书

编号：＿＿＿＿＿＿＿＿＿＿＿＿＿

当事人：＿＿＿＿＿＿＿＿＿＿＿＿＿＿

＿＿＿＿＿＿＿＿＿＿＿＿＿＿＿＿＿＿

（自然人应写明姓名、性别、年龄、民族、职业、单位或住址；法人及社会组织应写明名称、地址、法定代表人姓名和职务）

当事人：＿＿＿＿＿＿＿＿＿＿＿＿＿＿

＿＿＿＿＿＿＿＿＿＿＿＿＿＿＿＿＿＿

（自然人应写明姓名、性别、年龄、民族、职业、单位或住址；法人及社会组织应写明名称、地址、法定代表人姓名和职务）

　　纠纷简要情况：＿＿＿＿＿＿＿＿＿＿＿＿＿＿＿＿＿

＿＿＿＿＿＿＿＿＿＿＿＿＿＿＿＿＿＿＿＿＿＿＿＿＿＿＿

＿＿＿＿＿＿＿＿＿＿＿＿＿＿＿＿＿＿＿＿＿＿＿＿＿＿＿

　　经调解，自愿达成如下协议：＿＿＿＿＿＿＿＿＿＿＿＿

＿＿＿＿＿＿＿＿＿＿＿＿＿＿＿＿＿＿＿＿＿＿＿＿＿＿＿

＿＿＿＿＿＿＿＿＿＿＿＿＿＿＿＿＿＿＿＿＿＿＿＿＿＿＿

　　履行协议的方式、地点、期限：＿＿＿＿＿＿＿＿＿＿＿

＿＿＿＿＿＿＿＿＿＿＿＿＿＿＿＿＿＿＿＿＿＿＿＿＿＿＿

＿＿＿＿＿＿＿＿＿＿＿＿＿＿＿＿＿＿＿＿＿＿＿＿＿＿＿

　　本协议一式＿＿＿份，当事人、＿＿＿＿＿＿＿＿（调解机构名称）各持一份。

当事人（签名或盖章）：＿＿＿＿　　当事人（签名或盖章）：＿＿＿＿

＿＿＿＿＿＿＿＿（调解机构印）

调解员（签名）＿＿＿＿＿＿＿＿

＿＿＿＿年＿＿＿＿月＿＿＿＿日

说明：

1. 调解协议书是在调解机构主持下，纠纷当事人依照法律、法规、规章、政策和交易规则、行业惯例等，在查清事实、分清责任的基础上，通过平等协商、互谅互让，对纠纷的解决自愿达成一致意见的意思表示；

2. 编号栏按照调解机构的相关规定填写；

3. 当事人栏应当列明纠纷的全部当事人，并按括号内要求事项详细填写；

4. 纠纷简要情况栏应当记明纠纷简要事实，争议事项及双方责任；

5. 协议栏应当载明各当事人的权利义务；

6. 履行协议的方式、地点、期限栏根据具体情况填写；

7. 调解协议书必须由纠纷各当事人签名或盖章，调解员签名，加盖调解机构印章，并明确填写日期。

四、仲裁申请书

申请人：_____

住所：_____ 邮政编码：_____

电话：_____ 传真：_____

法定代表人（负责人）：_____ 职务：_____

住所：_____ 邮政编码：_____

电话：_____ 传真：_____

被申请人：_____

住所：_____ 邮政编码：_____

电话：_____ 传真：_____

法定代表人（负责人）：_____ 职务：

住所：_____　　邮政编码：_____

电话：_____　　传真：_____

仲裁请求：

_____

_____

_____

事实与理由：

_____

_____

_____

_____

_____

　　　　　　　　　　　　　　　　　　此致

_____仲裁委员会（仲裁机构名称）

附证据：

_____

_____

　　　　　　　　　　申请人：_____

　　　　　　　　　　（印章）

　　　　　　　　　　_____年___月___日

五、答辩书

答辩人：_____

住所：_____　　邮政编码：_____

电话：_____　　传真：_____

法定代表人（负责人）：_____　　职务：_____

住所：_____　　邮政编码：_____

电话：_____　　传真：_____

答辩人就与_____之

间的争议仲裁案（案件编号：_____ ）提出答辩意见

如下：

_____

_____

_____

_____

　　　　　　　　　　　　　　　　　　　　此致

_____仲裁委员会（仲裁机构名称）

　　　　　　　　　　　　　答辩人：_____

　　　　　　　　　　　　　（印章）

　　　　　　　　　　　　　_____年___月___日

六、民事起诉状

原告：_____

_____

（自然人应写明姓名、性别、民族、出生年月日、住所、身份证号码、联系电话；法人或其他组织应写明名称、住所地、组织机构代码）

法定代表人或负责人：_____

_____

（应写明姓名、职务，仅适用于法人或其他组织）

委托代理人：_____

_____

（应写明姓名、性别、民族、出生年月日、住所、身份证号码、联系电话；若是律师，应写明其姓名和所属的律师事务所、联系电话）

被告_____

_____

（参照原告的写法）

诉讼请求：_____

_____

_____

事实和理由：

1. _____

_____

_____

（写明请求的理由，主要指本案的法律关系及法律上的因果关系等）

2.＿＿＿＿＿＿＿＿＿＿＿＿＿＿＿＿＿＿＿
＿＿＿＿＿＿＿＿＿＿＿＿＿＿＿＿＿＿＿＿＿
＿＿＿＿＿＿＿＿＿＿＿＿＿＿＿＿＿＿＿＿＿

（写明提供的证据）

3.＿＿＿＿＿＿＿＿＿＿＿＿＿＿＿＿＿＿＿
＿＿＿＿＿＿＿＿＿＿＿＿＿＿＿＿＿＿＿＿＿
＿＿＿＿＿＿＿＿＿＿＿＿＿＿＿＿＿＿＿＿＿

（写明请求的依据，主要指原告认为本案应当适用的法律依据等）

　　此致
＿＿＿＿＿＿人民法院

起诉人：（签名或盖章）＿＿＿＿＿＿
＿＿＿＿＿＿年＿＿＿＿月＿＿＿＿日

说明：

起诉状是公民、法人或其他组织作为民事原告在自己的合法权益受到侵害或者与他人发生争议后，为维护自己的合法权益，依据事实和法律，向人民法院提起诉讼，要求依法裁判时所提出的书面请求。

七、答辩状

答辩人： _____

_____

（自然人应写明姓名、性别、民族、出生年月日、住所、身份证号码、联系电话；法人或其他组织应写明名称、住所地）

法定代表人或负责人： _____

_____

（写明姓名、职务，仅适用于法人或其他组织）

委托代理人： _____

_____

（写明姓名、性别、民族、出生年月日、住所、身份证号码、联系电话；若是律师，应写明其姓名和所属的律师事务所、联系电话）

答辩人的请求： _____

_____

（包括反诉等）

答辩人就_____起诉状，答辩如下：

1. _____

_____

_____

（写明对请求理由的异议）

2. _____

_____

_____

（写明对提供的证据的异议）

3. _____

_____

_____

（写明对请求依据的异议）

　　　　此致

_____人民法院

　　　　　　　　　　　　答辩人：（签名或盖章）_____

　　　　　　　　　　　　_____年_____月_____日

说明：

答辩状是公民、法人或其他组织作为民事诉讼中的被告，收到原告的起诉状副本后，在答辩期内，针对原告在诉状中提出的事实、理由及诉讼请求，进行回答和辩驳时使用的文书。

八、民事上诉状

上诉人：_____

被上诉人：_____

上诉人因_____一案，不服_____人民法院_____年___月___日（___）_____字___号的民事判决或裁定，现提出上诉。

上诉请求：_____

_____

上诉理由：_____

_____

_____

　　此致

_____人民法院

附：本上诉状副本____份

　　　　　　　　　上诉人：（签名或盖章）_____
　　　　　　　　　_____年_____月_____日

说明：

1. 上诉状是民事案件的当事人对地方各级人民法院作出的第一审民事判决或裁定不服，按照法定的程序和期限，向上一级人民法院提起上诉时使用的文书；

2. 上诉请求要写明具体诉讼请求，是要撤销原判，还是部分变更原判；

3. 上诉理由要针对原审判决、裁定论证不服的理由，主要是以下方面：（1）认定事实不清，主要证据不足；（2）原审确定性质不当；（3）适用实体法不当；（4）违反了法定程序。

九、撤回上诉状

申请人：_____

申请人因_____一案，不服_____人民法院_____年____月____日（____）_____字第____号的民事判决（裁定），于____月____日向你院提起上诉。现因_____

_____ 特此申请撤回上诉，请予核准。

原在提起上诉时所附送的证据材料共____件请予发还。

此致

_____人民法院

申请人：（签名或盖章）_____

_____年_____月_____日

说明：

1. 撤回上诉状是公民、法人或者其他组织撤回上诉时使用的文书；

2. "现因"之后的空白处写明申请撤回上诉的理由。

十、再审申请书

申请再审人：_____

_____

（自然人应写明姓名、性别、民族、出生年月日、住所、身份证号码、
联系电话；法人或者其他组织应写明名称、住所地、组织机构代码，
法定代表人或者主要负责人的姓名、职务、联系方式）

委托代理人：_____

_____

（写明姓名、性别、民族、出生年月日、住所、身份证号码、联系电
话；若是律师，应写明其姓名和所属的律师事务所、联系电话）

被申请人：_____

_____

（自然人应写明姓名、性别、民族、出生年月日、住所、身份证号码、
联系电话；法人或者其他组织应写明名称、住所地、组织机构代码，
法定代表人或者主要负责人的姓名、职务、联系方式）

申请再审的事由：_____

_____

申请再审人不服_____人民法院_____年____月____日
作出的已发生法律效力的（____）_____字第____号民事判决书
（裁定书、调解书），根据《中华人民共和国民事诉讼法》第____条
规定的_____（写明应当再审的
事由，多项事由应逐项列明），提出如下再审申请。

请求事项：_____

_____

_____

（写明：1. 要求撤销民事判决书、裁定书、调解书的文号；2. 要求人民法院解决的具体请求事项；3. 要求诉讼费由被申请人承担）

事实与理由：_____

_____

（写明主要根据事实、证据与法律，阐述生效判决或裁定认定事实错误，适用的法律、法规错误或不当以及判决结果明显不公的事实与理由）

此致
_____人民法院

申请再审人：（签名或盖章）_____
_____年_____月_____日

参 考 资 料

一、政策法律部分

1. 中华人民共和国民法通则

2. 中华人民共和国合同法

3. 中华人民共和国民事诉讼法

4. 中华人民共和国人民调解法

5. 中华人民共和国仲裁法

6. 期货交易管理条例

7. 国务院关于清理整顿各类交易场所切实防范金融风险的决定

8. 最高人民法院关于审理期货纠纷案件若干问题的规定

9. 最高人民法院关于审理涉及人民调解协议的民事案件的若干规定

10. 最高人民法院关于适用《中华人民共和国仲裁法》若干问题的解释

11. 期货交易所管理办法

12. 期货公司监督管理办法

13. 期货公司期货投资咨询业务试行办法

14. 期货公司资产管理业务试点办法

15. 期货公司信息公示管理规定

16. 期货从业人员管理办法

17. 期货市场客户开户管理规定

18. 中国证监会：关于进一步加强期货公司信息技术管理工作的指导意见

19. 中国证监会：关于建立金融期货投资者适当性制度的规定

20. 中国证监会办公厅：关于防范期货配资业务风险的通知

21. 上海期货交易所：关于防范期货市场新型违法违规行为的通知

22. 中国金融期货交易所：金融期货投资者适当性制度实施办法

23. 中国期货业协会会员自律公约

24. 期货从业人员执业行为准则

25.《期货经纪合同》指引

26. 期货资产管理合同指引

27. 中国期货业协会调解规则

二、图书部分

1. 姜洋主编：《期货市场新法规解释与适用》，法律出版社，2007 年版

2. 最高人民法院民事审判第二庭编著：《〈最高人民法院关于审理期货纠纷案件若干问题的规定〉的理解与适用》，人民法院出版社，2003 年版

3. 中国期货业协会编：《期货市场教程》，中国财政经济出版社，2011 年版

4. 中国期货业协会编：《期货市场教程》，中国财政经济出版社，2013 年版

5. 中国证监会人事教育部编：《期货监管分册》，2013 年 1 月

6. 杨志明主编：《劳动人事争议调解仲裁》，中国劳动社会保障出版社，2012 年版

7. 全国人大常委会法工委民法室编：《中华人民共和国民事诉讼法解读》，中国法制出版社，2007 年版

8. 奚晓明主编：《中华人民共和国民事诉讼法》修改条文理解与适用，人民法院出版社，2012 年版

9. 中国国际贸易促进委员会，中国国际商会调解中心主持编写：《商事纠纷调解实务》，清华大学出版社，2013 年版

10. 陈浮著：《律师办理民商事诉讼案件操作指引》，法律出版社，2013 年版

三、讲话报章部分

1. 肖钢：把维护中小投资者合法权益贯穿监管工作始终——在证监会加强中小投资者保护工作会议上的讲话

2. 国务院法制办、中国证监会负责人就《期货交易管理条例》修改有关问题答记者问

3. 中国证监会有关部门负责人就发布《期货公司期货投资咨询业务试行办法》答记者问

4. 中国证监会有关部门负责人就发布《期货公司资产管理业务试点办法》答记者问

5. 中国证监会有关部门负责人就《期货投资者保障基金管理暂行办法》答记者问

6. 中国证监会有关部门负责人就期货市场账户规范工作答记者问

7. 中国证监会有关部门负责人就发布《关于建立股指期货投资者适当性制度的规定（试行）（征求意见稿)》和配套文件答记者问

8. 中国证监会：关于《期货公司资产管理业务试点办法》的起草说明

9. 聂鸿胜：《期货对敲交易与职务侵占罪》，载《期货日报》，2005 年 6 月 29 日

四、网站部分

1. 中国证监会网站
2. 中国金融期货交易所网站
3. 中国证券投资者保护网
4. 上海仲裁委员会网站
5. 中国普法网
6. 台湾期货交易所网站

后　记

　　为了贯彻落实国务院办公厅《关于进一步加强资本市场中小投资者合法权益保护工作的意见》提出的"自律组织应当强化投资者教育功能"的要求，向投资者普及保护与维权知识，增强投资者自我保护能力，中国期货业协会组织编写了本书。

　　本书是"期货投资者保护丛书"之一，旨在向投资者介绍入市、交易、维权等环节的自我保护知识，供投资者参考。在编写过程中，本书力求内容全面、准确权威、通俗易懂、紧扣实际。投资者在参与期货交易前，可以通读本书，对自我保护知识有大致了解，在交易过程中遇到疑问或与期货公司发生争议时，可以查阅本书相关部分，寻求答案。

　　本书编写工作于2014年初启动，历时1年。1月，中国期货业协会投资者教育部提出编写主题，研究讨论编写内容、体例；2月，选定编写人员，召开第一次编写会议，讨论确定本书编写提纲、分工、进度；6月，召开第二次编写会议，召集编写人员讨论编写中遇到的难点重点问题，优化本书体例和内容，并邀请中国证监会证券基金机构监管部、期货监管部、法律部、投资者保护局相关同志，以及中国期货业协会法律顾问于学会律师给予指导；11月，完成编写；12月，交付编辑出版。

中国期货业协会运永恒同志承担了本书主要编写工作，包括设计体例、拟定提纲、确定编写思路和重点等，并对初稿进行了全面重写。李赫、张君君、杜奔、孙会、李楠、韩越6位同志参与了本书初稿编写工作。中国证监会陈益民同志在统稿工作中，对本书结构、内容等提出了许多有益建议。另外，为了使内容更加准确，符合法律政策规定和期货业实际情况，本书完成后征求了中国证监会证券基金机构监管部、期货监管部、法律部、投资者保护局、打击非法证券期货活动局，中国证监会北京监管局、上海监管局、广东监管局，上海期货交易所、中国金融期货交易所，中国期货保证金监控中心，中国期货业协会法律顾问于学会律师以及部分期货公司意见，并结合相关意见进行了修改。

丛书编写得到了中国期货业协会领导的高度重视和大力支持，专门成立了编委会，领导编写工作。刘志超会长对编写工作提出了宝贵意见，并欣然作序。范辉副会长、侯苏庆副会长先后具体领导丛书编写工作，给予了多方面的支持，并为编写工作创造了宽松的条件。投资者教育部余晓丽主任直接提出、组织、推动丛书编写工作，包括主题选定、体例选择、内容取舍、封面版式设计等，付出了很多心血。在本书编辑出版过程中，中国金融出版社张智慧主任、王雪珂编辑做了大量工作。

在此，向关心支持丛书编写工作的各个单位、各位领导，向承担本书编写工作和提出编写、修改意见的业内同仁，向全程参与编写的工作人员以及为本书编辑出版辛勤工作的同志，表示衷心感谢！

　　本书参考了大量书籍、文章及相关资料，并引用了其中部分内容，但因体例和内容限制，无法一一标注，为此，在最后列出了参考资料，敬请相关作者谅解。本书由于编写时间较紧，如有疏漏之处，欢迎广大读者批评指正。

中国期货业协会
2015 年 1 月